人は「そとづら」が9割

誰からも好かれる人が
密かに実践していること

ANA元チーフパーサー
ビジネスコンサルタント
三枝理枝子
Rieko Saegusa

アスコム

人は「そとづら」が9割

誰からも好かれる人が
密かに実践していること

ANA元チーフパーサー
ビジネスコンサルタント
三枝理枝子
Rieko Saegusa

アスコム

はじめに

「そとづら」をよくするだけですべてがうまくいくようになる！

「そとづら」それは、家の玄関のようなもの…

「そとづらがいいですね」。

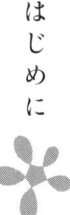

こう言われるとほとんどの人は、自分が褒《ほ》められた気がしないでしょう。それどころか、お調子者、八方美人など、どちらかと言えば悪いイメージがつきまとうかもしれません。

けれども、私は、そのような感じ方を変える必要があると思っています。つまり、「そとづら」がいいということは、決して悪いことではなく、むしろ**「そとづら」**の

よさこそ、私は推奨したいのです。

なぜなら「そとづら」をよくすることは相手を不快にさせず、むしろ相手を心地よくさせますし、心と心をつなぐ「おもてなし」に通じると思うからです。

しかし、残念なことに、現代では、「そとづら」を整えることができない人が増えていますね。

ＣＡ（客室乗務員）って、「そとづら」がいい人が多いと思いませんか？　実は元ＣＡの私も、「そとづら」のよい一人だと思っています。不思議なことにＣＡ経験者は、初対面で長く話さなくても、お互い「あの人、航空関係者かも…」とわかってしまうのです。一目見て、「こんにちは」の一声を聞いただけで、独特の「そとづら」のよさを表情、振る舞い、雰囲気、会話から感じ取ります。職業が「そとづら」を作り出し、いつまでも染みついている気がします。

人間一人ひとりを、家にたとえて考えてみましょう。**「そとづら」とは「玄関」です。**というのは、まずは家の中に入るにしても、最初に玄関を通るからです。

明るくきれいな玄関にしておくのか。それとは逆に、薄暗く、乱雑な感じの玄関にしてしまうのか。すべては、あなたにかかっています。

人間関係において、あなたは誰でも自宅に招き入れるようなお付き合いをしていますか？　リビングルームやベッドルームに入れることなんて、まず少ないでしょう。**家族やごく親しい知人を除いて、ほとんどの人とのお付き合いは、言ってみれば「玄関先」で済んでいるのではないでしょうか？**

誰でも、初めて訪れるお宅というのは期待と不安が入り混じっているもの。**いい関係を築こうと思うなら、やはり迎え入れる側には、それなりの玄関にしておく準備が必要です。**

「そとづら」をよくすることで、どれだけチャンスが巡ってくるか。逆に、「そとづら」を悪くすることで、どれだけのチャンスを失っているか、おわかりでしょう。

まずは「そとづら」から。「うちづら」は無理に変えない

誤解しないでいただきたいのは、「そとづら」と「うちづら」が正反対の関係にあるわけではないということです。言ってみれば**「そとづら」と「うちづら」は、人との付き合い方としてはまったく違うモード**ということです。

本書で私がお伝えしたいのは、初対面の人はもちろんのこと、家族、親しいパートナー以外の人と**スムーズな人間関係を紡《つむ》ぐためには、とにかく、いい「そとづら」を身につけることが一番の近道**だということなのです。

どんなに内面（ないめん）に素晴らしい人間性を秘めていたとしても、「そとづら」が悪くてそこに触れてもらうことができなければ理解してもらう術《すべ》がありません。

このような寂しい思いをしたくはないですよね。

ここで、「それでは、うちづらはどうすればいいの？」という疑問が出てくると思います。

これに対する私の答えは、別に「変えなくていい」というものです。驚かれた方も多いかもしれません。でも、これでいいのです。

うちづらについては、仲よくなっていけばわかってしまうものです。それよりも、自分の「そとづら」をよくすることを、優先させましょう。うちづらよりも「そとづら」のほうが、自分自身も「変えたほうがいいな」「よくしなければいけない」という意識はあるはずですので、集中できます。

「そとづら」を整えることは、自分の身を修める方法の第一歩と言えるでしょう。しばらくは「そとづら」を意識し、うちづらについては、自然に振る舞えばいいのです。

もっと言ってしまえば、**「うちづら」は多少、だらしがなかったり、尖っていてもいいと思っています。「これも本当の自分！」と思って、「そとづら」と「うちづら」のギャップを楽しんでしまいましょう。**

「そとづら」のいい二人の例をご紹介します。

私の先輩に美人で、スタイルも抜群、髪も常にほつれがなくきっちりまとまっていて、優雅な身のこなしの女性がいました。場を和ませる会話もできる素敵な方でした。まさに、「そとづら」は完璧。私もとても尊敬している方です。

ただ、この方のご自宅に遊びに行ってびっくり。足の踏み場もない状態だったのです…。服や本は散らかしっぱなし、台所は洗っていない食器であふれていました。お世辞にも、うちづらがいいとは言えません。

そしてもう一人、仲のよい同期の話です。彼女もとても美しくて魅力的。男性からのお誘いも多く、誘われると、「ありがとうございます。喜んで伺いま〜す！　今から楽しみですわ。うふふふふ」と満面の笑みで愛想よく返事をします。しかし、仲間内になると、「あ〜あ、また誘われたわ…。何を着ていこう？　面倒くさいなぁ〜」とぼやくのです。

うちづらはこのような調子です。いかがですか？　でも、それでいいと思うのです。人前で接するときは、まずは「そとづら」がよければ、問題はないわけです。

よい「そとづら」を習慣化することで相手と調和できるようにもなる

「相手と調和できるようになる」

「そとづら」をよくすることで得られる、もう一つ大きなメリットがこれです。「そとづら」をよくするというのは、他人の目にどう映るかを大切にして、相手のことを考えて行動するということです。

「そとづら」の悪い人というのは、身勝手で自己中心的だと思われてしまうことが大半です。このスタンスでは、仕事でもプライベートでも孤立しがちになってしまう可能性があるでしょう。

つまり、物事を進めていくには必ず周りと「調和」することが大事になってきますよね。

誤解を恐れずに言えば、**はじめは打算的であったり演技でもいいのです。いい「そ**

「そとづら」を演じ、毎日それを実行し、習慣化させていくことが大事です。たとえ演技であっても、怒りや不満に鈍感になっていけば、自然と笑みが増え、表情が穏やかになります。毎日楽しく過ごすことができれば、心も明るくなっていきます。

下を向いてつまらない顔をしてばかりでは、心は暗くなる一方で、ふさぎ込みがちな人生になってしまいます。そんな人生は、もったいないです。「今」を明るく生きることが、明るい人生を送ることになるのです。

本書ではまず、「そとづら力」チェックテスト、次に「そとづら」をよくするための具体的な方法が出てきます。具体的な方法はどれも簡単で、ちょっとした心がけで、どなたでも実践できるものばかりです。

最初の第1章「会話術」では、**「もっと話していたい、楽しい」と思われる話し方、聴き方**について説明します。会話については最近注目されていて、お悩みの方も多いと思いますので、本書では最もボリュームを割いております。

第2章「『見た目作り』と『振る舞い』」では、**表情、雰囲気、いかに行動するかなど、愛想がいい人や感じのいい人**になる方法をお伝えします。

次の第3章「働きかけ」では、**喜ばせ上手になるアクション**についてお伝えします。

最後の第4章では、いい「そとづら」作りで、**自分の本質が磨かれ、運がよくなり、より楽しい人生を送る**ことができるヒントをお伝えします。「そとづら」をよくすることが、人付き合いを良好にするだけでなく、さまざまな素晴らしい効果をもたらすことが、この章でおわかりいただけるはずです。

「そとづら」を磨けば夢が叶う！

私はこれまで、自分の夢を幾つも叶えてきました。


学校を卒業し、ANA（全日空）のCAになり、VIP（皇室、総理、国賓）フライトの乗務ほか、実機の新入客室乗務員訓練のインストラクターなど、大きなやりがいのある仕事をさせていただきました。チーフパーサーというポジションも経験し、社内でも主要なプロジェクトのメンバーに選ばれ、変革のお手伝いもしてきました。

ANAで数多くの貴重な経験をした私は、退社して子育てを経験。その後、ANA

グループのインストラクターとして活動後、独立。現在は、航空業界に限らず、金融、ホテル、医療などあらゆる業界で、接遇やリーダーシップ・マネジメントを教え、コンサルタントとして企業の変革をお手伝いし、収益向上を実現させてきました。

おかげさまで、充実した毎日を送っています。人財育成、組織風土作り、元気作りは、昔からの夢でした。

こう書いてしまうと順風満帆の人生のようですが、実のところ普通の人間である私がこのようにやってこられたのは、私が「そとづら」をよくしてきたからだと思います。**いい「そとづら」を作ることで、人付き合いを良好にし、嬉しいお仕事のご依頼もたくさん受けることができた**からです。

本書を通じて、一人でも多くの方が、「そとづら」がよくなり、チャンスに恵まれ、毎日がもっと楽しく充実した人生を送ることができるようになれば、著者として最高の喜びです。

三枝理枝子

「そとづら力」チェックテスト

本編に**入**る**前**に、あなたの「そとづら**力**」をチェック！
今のあなたの「そとづら**力**」は、**果**たしてどれくらい…⁉

している 2点	時々している 1点	していない 0点

□ 外出する前に鏡を見て自分に満足している
□ 同じ人に会うとき、前回と同じ服装はしない
□ ごみ箱の近くにごみが落ちていたら迷わず拾う
□ 1日30回は「ありがとう」を口にしている
□ 見ず知らずの人でも目が合ったら、（怪しくない程度に）微笑むようにしている
□ 出会って、別れるまでに3回は相手を褒める

□たとえつまらない話でも興味ありそうに聞き、盛り上がれる
□自分の悪口を言っている人のことも褒められる
□叱られても「ありがとうございます」が言える
□会話中、トイレに行きたくてもタイミングをはかっている
□どんなに大ピンチになっても、自信満々の表情が作れる
□人がミスや恥ずかしいことをしたときは、ナイスフォローができる
□相手を楽しませようと（つまらなくても）ギャグ、ジョークを言う
□「私は」「僕は」などの一人称代名詞をほとんど言わない
□電話で相手によって声のトーンを変えている
□一緒に食事に出かけた人へ箸やナフキンを自らが配り、世話やきをしている
□食事中、飲み物や食べ物が足りているか皆に声をかける
□ごちそうになったら「ごちそうさま」だけでなく、「おいしかったです」の一言を添えている
□どんな人でも、紳士ないし淑女として見ることができる
□別れるときは、相手が完全に見えなくなるまで見送る

●総合得点　３５点～４０点のあなた

そとづら力　ゴールドランク

あなたは素晴らしいです!!　今の時点でも十分「そとづら力」をお持ちです。周囲からも愛想がよく、感じがよい人と評判でしょう。自分のことが大好きで、自己信頼していますね。これからは今以上に自分を輝かせることで、多くの人に光を与えてください。そして、さらに「そとづら力」を深めるために本書がきっと役に立つはずです。

●総合得点　２１点～３４点のあなた

そとづら力　シルバーランク

あなたの「そとづら力」は普通レベルです。さらなるチャンスをつかむためにも、「そとづら」を整え続けましょう。「そとづら」をよくするのは、自分のためになります。常に「そとづら」を意識してみましょう。きっと周囲から好感を持たれて、人気者になるはずです。足りない部分は、本書を読んで楽しみながら身につけてください。

●総合得点　０点～２０点のあなた

そとづら力　ブラックランク

とても残念ですが、あなたの「そとづら力」はかなり低いです…。他人の目を気にせず、評価を気にしないことで、悲劇が起こるとは決して言いません。でもこのままですと、「そとづら力」がないために、人を不快にさせ、ご縁を育めず、応援してもらえない状態に陥ってしまうでしょう。でも、安心してください。今からでも「そとづら力」は十分身につけられます。本書のできそうなところから読み始め、ぜひ、行動を起こしてください。必ずや「そとづら力」はアップしますから！

人は「そとづら」が9割

目次

はじめに……2

第1章 「そとづら力」を上げる「会話術」

「私は」となるべく言わない……24
――聞いていて疲れない話には、主語がほとんど登場しない

人を疲れさせる話、楽しくさせる話……29
――子供やペットの話は避けたほうが賢明

第一声の「あの〜」と「え〜っと」だけは禁句……35
――相手に不信感まで与えてしまう第一声の「あの〜」と「え〜っと」
「すみません」を使うと損をする……41
――「どうも」や「すみません」だと、お礼の言葉になっていません
「つかみ」はOKでも、つかんだら一度は放す……47
――あまりつかみっぱなしだと、相手はウンザリしてしまいます
サガるより、アガるほうがいい……52
――緊張してアガるのはいけないって、誰が決めたことなの？
「でも」や「だって」も、場面によっては大歓迎……57
――批判めいた話に終止符を打つ「でも」や「だって」の効用
「あっさり」と「こってり」の両方を用意する……63
――会話も料理と一緒。同じ調子の味ばかりだとウンザリしてしまう

出だしに充てられる時間は15秒まで
――前菜（出だし）だけで、お腹をいっぱいにさせていませんか？ …… 68
人は意味のない話を聞かない権利を持っている
――「自分の関心＝相手の関心」は稀であると肝に銘じよう …… 73
「間抜け」に注意！
――「そとづら」のいい人は、時間の「間《ま》」を抜かさず、上手に作っている …… 79
テニスではスマッシュが、会話ではラリーが決め手
――人は対立よりも調和を好む。ゆえに、双方向のやりとりが大事になる …… 83
相手の長所はどんどん口に出す
――いい情報は即、アウトプットする …… 88

第2章 「そとづら力」を上げる「見た目作り」「振る舞い」

笑顔と上品さを出しすぎない …… 94
——過度な笑顔と上品さは、敵を作ってしまう

自分の顔を好きになる …… 99
——どんな顔にもチャームポイントは必ずある！　いい顔はいい「そとづら」に必須

背中に一本「金の棒」を入れる …… 104
——姿勢については、まずは背筋だけでも伸びてさえいればよい

ながら動作をやめる …… 109
——「そとづら」がよくなり、正確に行動できると一石二鳥

悩み下手になる …… 118
——「悩むこと」と「傷つくこと」が下手になれば、暗い人間にならない

「ゆるキャラ」になる …… 123
——「そとづら」のいい人は、「ゆるく生きて」いる

隙《すき》をあえて見せる……128
——ときには少しくらい力を抜いて「隙をちらつかせる」のも一興
根拠のない自信を持つ……133
——言い訳するよりも、自信ありげに振る舞うが勝ち

第3章 「そとづら力」を上げる「働きかけ」

相手を紳士・淑女であると信じ込む……140
——相手というのは、信じ込んだ通りの人物になってしまうもの
ボディタッチはタイミングが命……148
——最後の締めとして1回、握手や肩を叩くことが、相手の気持ちを熱くさせる
相手が見えなくなるまで見送る……152
——「心に残る人」がいつも欠かさず行っていること

主役になったときこそ、ホスト役に回る
——周りがすべきことを、率先して引き受けよう …… 159
軽く微笑んで「ん」と言う感じ
——接し方がわからない場合は、軽い会釈がよい …… 165
ワンクッション置いてから注意する
——深く長く付き合う相手にも通用する「そとづら力」とは？ …… 170

第4章 「そとづら」をよくすれば「自己」が磨かれる

ステキな人と出会える
——いい「そとづら」の人は、必要なときに必要な人に巡り会える …… 176

どんな短所も長所に置き換えられる …… 181
——いい面だけを見ることができて、人付き合いが楽しくなる
夢が叶う …… 187
——「夢の実現」のとっておきの方法「なりきる力」を身につけてみませんか
いつでも自分磨きができる …… 193
——他人を磨くことで、自分は磨かれる
みんなが楽しくなる世界を生み出せる …… 199
——まずは、「陰徳」より「陽徳」を
おわりに …… 204

第1章

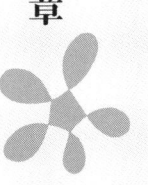

「そとづら力」を上げる「会話術」

「私は」となるべく言わない

―聞いていて疲れない話には、主語がほとんど登場しない

主語の連発は自己主張を強くする

初対面では、相手の失礼にならないような会話をするのは当然のこと。とはいっても、これは案外難しいかもしれません。

ならばせめて、**穏やかに話すことを心がけましょう。**言葉や話題の選び方に関係せず、話し方をちょっと調整するだけですから、これだったら誰にでもできますよね。

しかも、効果は絶大です。

穏やかに話すというのは、まず、争わない、戦わないこと。ひとつの話題を深刻に受け止めて議論してはいけません。

感情的になるのもNG。興奮して、大声を出し、思いつくままのことを口にするのは大人げないことです。

早口もダメ。自分の得意分野の話題になると、つい早口になってしまいがちです。聞いているほうは、疲れてしまいます。

それと、あまり**自分を主語にしすぎない。「私は」や「僕は」を主語にした言葉遣いは、自己主張が強くなりがちです。「私は」「僕が」より「○○さんは…」と相手を主語に会話を進めていけば、相手も話を聞いてくれてどんどん会話に心を入れてくれるようになります。**

ただ、どうしても自分が伝えておきたい主張もあるでしょう。そんなときは、主張の表面にある「棘《とげ》」を抜いてみてはどうでしょうか。「棘」の抜き方の一例を紹介しましょう。

「こんな場合があるらしいですね」

「私の知り合いでこんなふうに考える人がいます」

「誰でも思っているようですが…」

「私」を脇に置いて、一般論にしてみたり、自分の意見を他人に置き換えるなどワンクッションを入れてみる。これだけで、穏やかに相手に伝わるものです。

敬語を少しまぶすだけで言い方がとても穏やかになる

私は、世界中の言語のなかで、日本語ほどステキな言葉はないと思っています。特に、敬語が美しいですね。敬語に代表される丁寧な日本語が醸し出す「穏やかさ」を、会話に大いに取り入れてはいかがでしょうか。

そして、**この敬語を使った丁寧な言い回しの中には、本来の日本語が持っている「穏やかな慎み深い感情」を美しく表すための言葉がたくさん詰まっています。**「最近の人は、敬語が乱れている」なんて言うつもりはないですが、もっと敬語を知って、味わって、使いこなしたほうが話に深みが出て、その敬語を話す人自身も美しく見えるのにと、私は残念に思います。

「恐れ入りますが」

「お手数をおかけしますが」

「もうご存知かと思いますが」

このような言葉が**ストレートな強さを包み込む穏やかさとなって、その後にあなたが伝える言葉が相手に受け入れられやすくなります。**同時にあなたをより魅力的に映し出してくれるのです。


「〜していただけませんか？」というお願いの前に、これらのフレーズをつけてみましょう。

「大変お手数をおかけしますが、〜していただけませんでしょうか？」

もし、このような頼まれ方をしたら、無碍《むげ》に断ることができないのが人間です。相手がステキな女性（いや、男性でも）ならなおのこと！　これこそが言葉のマジック。「マジック・フレーズ」と呼ばれる所以《ゆえん》です。

若い人が、自信を持って堂々と自己主張する姿はときに頼もしく、シチュエーションによっては必要なときもあるでしょう。

とはいえ、一歩下がって、敬語や丁寧な言い回しを**早口でなく、ゆっくりとすることで、謙虚に、慎ましやかに、奥ゆかしくなります。**

人を疲れさせる話、楽しくさせる話

―子供やペットの話は避けたほうが賢明

「会話」という言葉は、辞書には「互いに話すこと」と出ています

人と人が本当に理解し合うのは、とても難しい。だから、世界中では喧嘩や戦争などが絶えません。どうして人は、こんなにもコミュニケーションを図ることが下手なのでしょう。

最初の出会いで、お互いをすぐに理解し合うことなんて、なかなかありません。いや、絶対にあり得ないと言い切ってしまってもいいかもしれませんね。

では、どうしたら楽しい関係になれて、少しでも理解し合えるのでしょうか。そこで、私が実践する相互理解のためのメソッドを紹介致します。

第一に、**決して、止めどなく喋《しゃべ》り続けない**こと。とても自己中心的に見えてしまいます。ましてや、相手が全然興味がなかったり、聞く気のない話だったら、「いつ終わるのかな…」と思われてしまいます。お喋り上手と言われている人に、意外に多い傾向です。

第二に、**相手を尋問攻めしない**こと。人には聞かれたら答えに困ることだってあるものです。答えてもいい質問でも、中には、かなり考えないと答えられない質問もあります。

この二つに共通することがあるのですが、おわかりでしょうか？　それは、**一方通行の会話**ということ。

よく、「沈黙が怖いから、自分が喋り続けないといけないと思っている」と言う人もいますが、相手がウンザリしてしまっては、逆効果。一見賑やかなように見えるけれど、盛り上がっているのは自分一人だけということもあります。それでしたら口数は少ないほうが、とても賢明で聡明に見えるでしょう。

「自分のことを話しすぎない」と「意味のない質問をしすぎない」。大丈夫だと思っても、この二つを時々チェックするようにしましょう。これだけでも、一方通行の会話をかなり防げるようになります。

ペットや子供が嫌いな人も中にはいる

それから、話題選びも大事です。

人が集まる懇親会やパーティーの席では、政治、宗教などの話題は避けるべきとは周知のことでしょう。お互いの思想や信条に深く関わっているテーマであり、話題に出した瞬間、主張の押しつけ合いにもなりかねません。

最初の出会いで好印象を持たれる話題とは、

「とても華やかなパーティーですね」

「今夜も○○さんは、とてもきれいですね」

など、**お互いの共通項となる話題**です。そのためには個人的な興味よりも、パーティーの雰囲気や、その日の主催者・主賓となる人の話題を提供してみるのもいいでしょう。

注意したいのが、自分の子供やペットの話。一見あたりさわりのない感じがしますし、よく話題に挙がることもあります。

けれども、これもデリケートな気遣いが必要です。子供やペットの写真を見せながら、

「長女が今年、小学校に入りましてねぇ」

「うちのワンちゃんは…」

などと、男女を問わず、嬉しげに話す人がいます。

でも、犬や猫などペットに興味もない人にとっては、とても退屈な話。ペットブームとはいえ、生理的に嫌いな人もいます。

子供については、欲しくても事情があって持つことのできない人もいるかもしれません。子供を持ちたくないと思う人も、中にはいます。たとえ相手から話を振られた

としても、長々と話すのは避けたほうが賢明です。

反論したいときほど黙って相手の話を聞く

コミュニケーションをとるうえで肝心なことは、相手に気持ちよくなってもらうこと。そのために必要なのは、相手の言うことを絶対に否定しないことです。

「しかし、そうおっしゃられても…」

「でも、そういうご意見もあるとは思いますが」

「だから、私はこう思うのですよ」

「しかし」「でも」「だから」…、すべてが反対意見を述べるときの言い方です。

それよりも、

「なるほど、おっしゃる通りですね」

「ごもっともです」

「とても参考になります」

相手を肯定し、認めることからコミュニケーションは始まるのです。

初対面の人に好印象を持たれたいと思うなら、**反論したくなるときほど、発言は控えめに。「そういう考えがあるのですね。とても勉強になります」と言ってみましょう。**

ときには、笑顔で頷《うなず》いているだけのほうがステキに見えることだってあるのです。

第一声の「あの〜」と「え〜っと」だけは禁句

―相手に不信感まで与えてしまう第一声の「あの〜」と「え〜っと」

自信なさそうな印象を相手に与えてしまう

「あの〜、私、○○と申します」

「え〜っと、その件につきましては部長に相談してから……」

よく耳にする言葉です。

そう、話を始めるときの第一声。「あの〜」と「え〜っと」。

コミュニケーションの入り口での「あの〜」や「え〜っと」は何の意味もありません。それどころか、スムーズな会話を途絶えさせる障害物のようなもの。たとえば、初対面の場合に名刺を交換するときなどの「あの〜」も同じです。

相手に用件を伝えるときに「え〜っと」から入るのは、ちょっと聞き苦しいですね。でも、どちらも口癖のようなものですから、言わないようにしようと意識しているだけでは、なかなか直りません。

話の途中で考える〝間〟としての「あの〜」ならわからなくもありませんが、本来なら、それもなくしたいもの。特に、**初めて会った人との会話の第一声が、「あの〜」や「え〜っと」では、とても自信なさそうな印象を相手に与えてしまいがち**です。

たとえば、デパートに出かけてネクタイ売り場がわからず、近くの店員さんに聞いたとしましょう。そのとき、こんな答えが返ってきたらどうでしょう。

「え〜っと、こちらを真っ直ぐお進みいただき、右手にございます」

自信なさ気ですよね。お客さまにおもてなしをするデパートの店員さんとしては失格。お客さまに信用されず、不安な気持ちにさせてしまいます。

「え〜っと」の代わりに「はい。ネクタイ売り場でございますね」と**復唱してみると**

いかがでしょうか。これで完璧です。「え〜っと」の一言があるだけで、相手の心地よさを半減させてしまいかねません。

人は「あの〜」と「え〜っと」を驚くほど発している

ある会社の部長研修のときでした。

「これから私がいろいろ質問をしますけれど、そのときに『あの〜』と『え〜っと』から話を始めてはいけません」

そうお伝えしました。それから、私は一人ひとりの部長に質問をぶつけていきます。ところがどうでしょう。あらかじめ禁止されているにもかかわらず、ほとんどの人が「あの〜」と「え〜っと」から話を始めてしまうのです。

そのたびにテーブルの上のベルを「チン！」と高らかに鳴らしました。気がつくと、ベルは鳴りっぱなし。ついに研修室のなかは笑いの渦に包まれました。そう、**多くの人は、びっくりするほどたくさんの「あの〜」と「え〜っと」を口にしているものな**

のです。一度、皆さんも意識して数えてみるといいかもしれませんよ。

「あの〜」と「え〜っと」はまるで会話への侵略者のようです。そして、スムーズでオシャレでわかりやすい会話を、台無しにしてしまいます。では、どうしたらいいのでしょうか。

初対面で名前を名乗るときも、「え〜、私は◯◯と申します」と名刺の交換のときでさえあいまい言葉を使っているのです。ビジネスマナーとしては、まず自分から先に名乗る場合は、「初めまして、私、◯◯と申します」ときっぱり言えば、とても好印象を与えます。

「あの〜」と「え〜っと」は言わないに越したことはありませんが、ずっとそればかり意識したら、肝心の話す内容に注意がいかなくなります。**第一声だけでも禁止にするところから始めましょう。**

これだけでも、「そとづら」がずっとよくなります。

静かに息を吐く。これだけで防げます

　さて、「あの〜」と「え〜っと」の口癖は治せるのでしょうか。実は、治るのです！　その方法が、呼吸法に隠されています。

「え〜っと」とか「あの〜」を連発するのは、そう発言しているわずかな時間に、何を言おうかな？と考えているときです。つまり、無意識に時間稼ぎをしているわけです。また、このとき人は、息を吐きながら「あの〜」と言っています。

　それなら、いっそ**「あの〜」とか「え〜っと」を言わずに、相手に聞こえないように「ふーっと」静かに息を吐いていればいい**わけです。

　肝心な話を始める前に、ひとつ静かに息を吐いてみる。すると、頭の中が整理されます。そうすることで、しっかりとした言葉が浮かんでくるのです。沈黙はよいものだと思って一人静かな時間を大切にし、**沈黙に慣れることも大切です。それが自分独特の「間」になっていきます。**

また、**すぐに続けて相手へのさり気ない思いやりを表現するのもよい**でしょう。

「今日は暑いですね」

「お忙しいところ、お越しくださりありがとうございます」

(名刺を見てから)「素敵なお名前ですね！」

第一声で、こんな小さなメッセージを伝える。そこには「あの～」も「え～っと」も入り込む余地がありません。それだけで、あなたの印象は違ってきます。これも素敵な「そとづら」作りには欠かせない簡単なコツです。

「あの～」や「え～っと」は相手にとっては単なる雑音。雑音を相手に聞かせてしまっては、好印象を与えることはできませんよね。

以上の二つが、いい会話を邪魔する侵略者「あの～」「え～っと」の退治法です。

ぜひ、お試しください！

「すみません」を使うと損をする

―「どうも」や「すみません」だと、お礼の言葉になっていません

私は2時間で62回も「ありがとう」を言いました

「先生は、研修の中でずいぶん多くの『ありがとう』という言葉を使っていらっしゃいます。先生ご自身、何回くらいおっしゃっていると思いますか？」

コンサルティングをしている会社の集合研修をしていたときのことです。2時間ほどの研修が終わったときに、一人の男性がいたずらっぽい表情をしながら、私にそうたずねてきたのです。

「さぁ…どうかしら？」

不意の質問に、私は戸惑いながらも懸命に考えてみました。しかし、見当もつきません。

「わからないわ」

私がそう言うと、彼は笑いながら答えました。

「62回です！」

この方は、**研修の間、ノートに「正」の字を書きながら数えていたようです。**あまりの多さにびっくりするとともに、「そんなことを数えていて、研修の中身は頭に入っているのかしら…？」と思わず心配になったのを覚えています。

そう言われてみれば、確かに私は、人にお会いしたときから別れるときまで、「ありがとうございます」「ありがとう」「ありがとうございました」と、何度も口にしています。

「本日は、お招きいただきありがとうございます」

講演会での挨拶もまずこの言葉から始まります。そして、「本日はお招きいただきまして、ありがとうございました」で終わります。

この他にも、発言をしてくれた方や私の質問に答えてくれた方、挙手をしてくれた方などにも「ありがとうございます」と言っています。

私があまりにも多く「ありがとう」と言うので、この方は、教えてみようと思ったのでしょう。

私は、こう思っています。**「ありがとう」の言葉は、「そとづら」をよくするために欠かせない**、と。

仕事中に限らず、日常生活で、たとえば、レストランや喫茶店でお水を持ってきてもらったときや、エレベーターの中で乗り合わせた見知らぬ人に行き先階のボタンを押してもらったとき、タクシーやバスを降車する際など、口をついて出てくる言葉は「ありがとうございます」。

人に感謝をするときの言葉です。**この言葉を言われて気分の悪い人は、誰ひとりいません。**もちろん、言ったほうも気持ちがよく、一日中、楽しい気分になれるものです。

「ありがとうの作法」素敵な人の共通点とは？

自分では感謝の気持ちを持っていても、それがきちんと相手に伝わっているかどうかはわかりません。もし伝わっていないとしたら、その原因はどこにあるのでしょうか？　実は、原因はかなりシンプルで、次の二つが主なところでしょう。

- **はっきりとした言葉でお礼を言っていない**
- **相手を正視してお礼を言っていない**

「また、お会いしたいお客さま」

「洗練された、魅力的なお客さま」

そう私が感じた方々に共通するのが、**「ありがとうの作法」**が素敵だということ。

もちろん、その作法にはお客さまそれぞれの個性が表れます。けれども、共通しているのが、「はっきりとした言葉」で「相手を正視して」お礼をおっしゃるということです。語尾まではっきりと聞き取れるのです。

「どうも」や「すみません」は印象を悪くする言葉

一方で、普段お会いする多くの日本人は、語尾までしっかりと言い切っておらず、伏し目がちなことが多い気がします。私はこの原因として、日本人の奥ゆかしさがあると思っています。この奥ゆかしさは、特別悪いものではなく、むしろ世界に誇るべきものだと思います。道徳心にあふれ、親切な日本人の特性が如実に表れているのではないでしょうか。

ただ、**控えめに言うことと似て非なるものが、伝わらない言い方をしてしまうこと。**これは、多くの日本人に共通する「シャイ＝内気」な気質に起因していることだと思います。シャイは、相手を意識してこそ生まれる感情。つまり、相手のことを思いやるわけですから、その気質自体は決して欠点だとは思いません。

でも、「ありがとうの作法」においては、この**「シャイ」がちょっぴり損をしてい**

るように思います。

「あ、どうも」
「すみません」

こんなやりとりは、よくある光景です。日本人同士なら、さほど不自然さは感じません。

でも少し考えてみると、実はヘンであることに気づきませんか？　「あ、どうも」は「掛け声」ですし、「すみません」は「お詫び」「謝罪」の言葉ですから。**「どうも」や「すみません」を使ってしまうと、せっかくの感謝の思いがしっかりと伝わりません。**少しばかり残念な言葉のような気がします。

「助かりました。感謝します」というお礼の思いを相手にきちんと伝えるのなら、「ありがとう」「ありがとうございます」がふさわしい言葉。当然すぎるからこそ、あまり気づかないのかもしれません。

もしあなたが「どうも」派や「すみません」派だったとしたら、ちょっと変身して「ありがとう」派になることをお勧めします。

「つかみ」はOKでも、つかんだら一度は放す

—あまりつかみっぱなしだと、**相手**はウンザリしてしまいます

たった一言のジョークが一体感を生む

「私、今が旬の小栗旬です」

一瞬、会議室の空気が「えっ？」という皆の心の声と共にシーンとしました。

ある会社の新人研修。その日のテーマは「自己紹介」。一人の新人社員が、いざ実践となって壇上に立ったときのことです。

胸の名札とは明らかに名前が違います。しかも、人気タレントとは、お世辞にも似ているとは言えません。ちょっと小太りで、でも、人のよさそうな笑顔が好印象の彼。

そして、すぐに会議室は大きな笑い声に包まれました。私も失礼とは思いながら、つい笑ってしまいました。

もちろん、これは彼の冗談だったのですが、この一言で会議室の空気は一変し、その後、誰もが彼の話に耳を傾けたのです。私は、とても感心しました。

私もセミナーや講演など、人前で話すことを仕事にしている人間ですから、「どうしたら自分の言いたいことが伝わるだろうか」「どんなエピソードを盛り込んだら面白く聞いてもらえるか」と、よく考えます。

ところが、自己紹介に立った彼は、**たった一言のそんなに面白くないジョークで、会議室にいた全員の気持ちをつかんでしまった**のです。

「つかみ」はもちろん、講演の専門用語ではありません。漫才や落語などで、芸人さんが本題に入る前に、お客さんの気持ちをこちらに向けさせるためにする小噺《こばなし》のようなものです。

肝心の話を聞いていただくには、聞く人の気持ちをグッと話し手のほうに引きつけなければなりません。**意外な話や流れを変えて気持ちをつかむ。小噺はそのための「つかみ」というわけです。**

相手の長所を指摘するだけで立派な「つかみ」になる

たとえばパーティーなど、特に初対面の人が多い中では、いったい何を話していいかわからないときがあります。自分をアピールしたいと思っていても、モジモジしていたのでは何も始まりません。

大切なのは、本題に入る前に、まずは自分に興味を抱いてもらうこと。自己紹介に人気タレントの名前を出した彼は、自分とタレントのキャラクターのギャップを利用しました。意外性で人を驚かせ、興味を持ってもらうことに成功したということでしょう。

さらには、**相手の趣味や嗜好の特徴を一瞬にして読み取り、ちょっとしたメッセー**

ジを送ることも「つかみ」になります。相手が話していた印象に残った話を借りて、伝えるのも効果的ですね。

「そのジャケット、ステキですね」

「色のコーディネートが素晴らしいです」

「先ほどおっしゃっていた、〇〇のお話。とても心に残りました」

まずは「きちんとあなたを見ています」という好意的なメッセージを送ることです。

また、**意外と簡単で、絶大な効果のある「つかみ」は、大きな声で第一声、ドレミファソの「ソ」の音で挨拶をすること**です。それだけで会場の皆がいっせいに顔を向けてくれます。

「つかみ」の役割はあくまで話を聞いてもらう下ごしらえ

でも「つかみ」はここまで。

いつまでもつかみっぱなしだと、お互いに疲れてしまいます。「つかみ」の話は、あまり深く掘り下げないのが鉄則。最初は面白くても「過ぎる」と興ざめしてしまいます。

面白い話は入り口のところで止めておき、相手が前のめりになってきたときに、話を振って相手に花を持たせて、肝心な話に切り換えていくのが理想的です。

つかんだら少し放してあげる。恋愛における「気持ちの綱引き」にも似ています。賛辞や熱いメッセージもいつまでも送り続けていたら、メリハリがなく逆効果です。

「ところで、皆さんこの件についてどう思いますか？」

「そうですね。よい視点をお持ちです！」

こんなふうに、**「つかみ」でお互いの心がオープンになったところで、ちょっぴり放して相手に話題のバトンを渡してみる。**これが鉄則です。

サガるより、アガるほうがいい

——緊張してアガるのはいけないって、誰が決めたことなの？

「人前で話すのは苦手ですが…」はただの言い訳です

忘年会や結婚式でのスピーチなどで、残念に思うことがあります。

「私、人前で話すのは苦手なものですから…」

こう話し始める人。もちろん、スピーチの上手な人も、下手な人もいます。でも**「苦手ですから」と始める人は、自分を謙虚に見せているようで、実は逃げているだけのように思います。**単にスピーチの用意をしてこなかった人の釈明、不安感を伝えているだけとしか思えません。

「突然のご指名で…」

いきなりパーティーなどの席で指名されスピーチをしなければならなくなったときなら、こういう言い訳も仕方ありませんが。

しかし、冒頭に「苦手ですから」と言うだけで、「この人は言い訳がましい」と思われてしまうこともあります。

本人は、無意識にこう考えているかもしれません。「『苦手』と表明したのだから、少しくらいは間違えても許してもらえるのでは？　だから、最高の出来でなくても許されるだろう」と。

でも、人生にブレーキをかけているようなものです。「どうせ、私は…」と、成功への道のりをあえて避けているようにも思うのです。

このように、自信のない人に好感を抱く人は少ないのではないでしょうか。

「苦手ですから」と言いながら、いざ話し始めると〝立て板に水〟。ステキなエピソードや上品なジョークを交えながらスピーチをする人もいます。

心の中で、ちょっぴりこんなふうに嫉妬する人もいるかもしれません。
「そんなに上手なら、苦手だなんて言わないでよ！」

つまり、**「苦手ですから」は、スピーチのうまさに関係なく、単なる格好の悪い「言い訳」にすぎません。**

「言い訳」は「心のつぶやき」です。人に聞かせるものではありません。「そとづら」のいい人は開口一番、言い訳など決して口にしないものです。

堂々とアガるほうがステキに見える

それなら、私はこう思います。

「言い訳」なんかするより、根拠のない「自信」を持つほうがいい。

スピーチが上手にできないなら、できなくてもいいのです。一生懸命話している熱意が伝われば、好感を持ってもらえます。

そして、「堂々」「誠実」であること。誠実な心から出た言葉なら、必ず相手の心に響きます。逆に、嘘や見えみえのお世辞は、自分が思っている以上に簡単にバレてしまいます。

「この人の話は上手だけど、気持ちがこもっていないな」

そう思われたら、信頼関係は築けません。

スピーチの技術は二の次でいいのです。アガってしまっても、構いません。自信がなく、意欲なくサガる（アガるとは逆のこと）ほうがよっぽど悪い。むしろ、アガるというのは、聞く人のことを真剣に気遣っていることの表れなのですから、よいことでもあるのです。

それよりも、**「少し私のために時間をください。これだけは聞いて！」という姿勢が大切。カラ元気でもいい。これが「根拠のない自信」です。**

それともう一つ大事なのが、**事前の準備を忘れないこと。ステキなスピーチに必要なのは、「いかに話すか」というテクニカルなこととともに、「何を話すか」。**ほんの少しの感動のツボ探し、周到に用意したものなら、それがたとえ紙にしたためてきたものを広げて読んだとしても、少しも失礼にはなりません。

むしろ、「あの人は私たちのために、そこまで準備してきたのですね！」と、あなたの評価を大いに高めてくれるでしょう。

とてもスピーチが上手と評判の社長がいらして、その方とある講演会でご一緒したときのことです。

控え室で彼は、「ちょっと失礼します」と言い、鏡の前で一人でずっと、これから話す自分のスピーチの準備を繰り返していました。「あんなに有名になってでも、最高のものを届けようという準備を決して欠かさない。だからこそこの社長の言葉は、心に響くのだなあ」と得心しました。

「言い訳」をする自分と決別して、**「私がやることなら必ずうまくいく」と自分を信じている素ぶりは、誰が見ても気持ちのよいもの**ですよ。

「でも」や「だって」も、場面によっては大歓迎
――批判めいた話に終止符を打つ「でも」や「だって」の効用

陰口大会に直面したら逃げるが勝ち

そもそも、仕事であれ、プライベートであれ、「角突き合わせる」ことでいいことなど、そう多くはありません。私はそう思っています。もっとも、かくいう私も「家族間のうちづら」では、時々「角」が出てくることもないとは言えませんが…。

それはさておき、人間の付き合いにおいて、「角突き合わせる」といった調和ができない関係は、いつも自分と他人との「違い」から生まれます。「違いが」あること

は当然のことなのに、そのことばかりを意識したり、許せなかったりする気持ちが芽生えると、すぐに角を生やしてしまう人がいます。これでは、いい「そとづら」なんて、できるわけがありません。

そこで、その退治法をお教えしましょう。次の三つです。

- **「嫌い」よりも「好き」を見つける**
- **「違う」よりも「同じ」を見つける**
- **「違う」「嫌い」を口にしない**

「嫌い」よりも「好き」のほうが、相手に喜ばれるのは説明するまでもありません。そして「違う」も、普段あまり意識されている方は少ないようですが、相手を敬遠する言葉になってしまうことが多いのです。「違う」よりも「同じ」、つまり「共通」するもの、「同質」なもの、「共感」できることを見つけるようにしましょう。

「そとづら」のいい人は、この「違う」ものを見つけるよりも、「同じ」ものを見つけるのがとても上手です。会話の中で、自分と「同質」のものを見つけると、「私も

○○出身なんですよ！」「私も○○大好きなんです！」と、すぐに共通項を見つけて親しくなります。

私のうちづらを知る人から「三枝さんって能天気」と言われることがあるのですが、私は他人の欠点、嫌いな点について生まれつき「無神経」なようです。他人の批判、好き嫌いも、よほどのことでもない限り口にすることはありません。

逆に、批判めいたことを言われても、クヨクヨすることも少ないです。

そして私自身とは直接関係のない人への**陰口や批判などの場に遭遇したとしても、決してその場に長居することはありません。**その場からできるだけ立ち去るようにしています。理由は簡単。自分自身が「楽しくない」からです。

あえて説明をすれば、他人への批判を口にしている自分を見ているもう一人の自分がいて、そのもう一人の自分が「やめなさい。立ち去りなさい」と警告しているのです。

陰口や批判の同意を求められたら「でも」や「だって」を使おう

もちろん、人との関わりの中で嫌気がさすことだってないとは言えません。ただそんなときに、私は、次のことをするようにしています。

「『違う』や『嫌い』と言いそうになったら、息を大きく吸って、そしてその言葉を息に変えていったん吐き出す」

人間というのは不思議なもので、「違う」「嫌い」といった言葉を口に出さないようにしているだけで、「違う」「嫌い」という感情を芽生えさせる機能がだんだんと衰えていくものなのです。

逆にいつも**「違う」「嫌い」という言葉を口にしていると、「違う」「嫌い」といえる素材を探し出そうとする機能が発達します。**こういう機能が身につかない人には、いい「そとづら」はなかなか宿りません。

なぜなら、「違う」や「嫌い」という感情を常に抱いている人、あるいはそうした感情を抱こうとしている人の表情、言動、立ち居振る舞いは、おのずと人を寄せつけないものになっていくからです。

もし、そんなタイプの人に**「違う」「嫌い」の同意を求められても、決して口車に乗って同調しないこと。そんなときは、さり気ない「でも」と「だって」を使って共犯者になることを回避しましょう。**

「でも、○○さんって、優しいところがあるよね」
「だって、○○さんって、お仕事がんばってるよね」

こんなふうに「でも」と「だって」の後に、褒め言葉を続けます。**弁解や言い訳の「でも」や「だって」は禁物ですが、人を賞賛する「でも」や「だって」は大歓迎です。**これを聞いた相手は、「なんだ。ノリが悪いなあー」とシラけるかもしれませんが、そのうちそういった「違う」や「嫌い」をあなたの前では言わなくなります。

「魅力的な唇のためには、優しい言葉を紡ぐこと。愛らしい瞳のためには、人々の素晴らしさを見つけること」

かの有名な大女優、オードリー・ヘップバーンが残した言葉です。

たとえ「能天気」と言われようとも、「『違う』『嫌い』探し」には無頓着なほうが、いい「そとづら」作りには効果的なようです。

そんな生き方をしていれば、「『好き』『同じ』探し」の達人になれること、請け合いです。

「あっさり」と「こってり」の両方を用意する

——会話も料理と一緒。同じ調子の味ばかりだとウンザリしてしまう

深い話ばかりだと相手はマイってしまう

今日は、どんな話を盛り込もうかしら♪

講演やセミナーをどのような内容にするかを考える作業は、まるでお料理のメニューを考えるときのようで楽しい時間です。話すことと料理は、似ているのです。

野菜や肉などの素材を選ぶことは、話すことに置き換えると、トピックスやエピソードといった話題を探す作業に当てはまります。

切る、焼く、煮るなどの調理は、素材（話題）をどうアレンジするのかといった具

合です。

まずは、素材（話題）を野菜に限定して、どう調理（アレンジ）するのかを一緒に考えていきましょう。

新鮮な生野菜でしたら、旬のものをふんだんに使って、素材のよさを引き出しながらサラダにして、シンプルにいただくのがよさそうです。でも、そればかりだと、淡白すぎて物足りなくなります。

では、じっくりと時間をかけて調理した、スープがしみ込んだ煮込み野菜はどうでしょうか。食べごたえはありますが、こればかり出てきたら口が飽きてしまいます。

つまり、**どちらか一品だけじゃダメというわけです。この二品どちらもそろえて交互に口にしてこそ、最高の食事になる**のです。

私が人前でお話をするときに考えるのは、この二つのお料理の調和（ハーモニー）です。

生野菜のメニューとして、新聞や雑誌、インターネットなどから、今、世の中で話題になっているトピックスを選びます。これはなんといっても新鮮さが一番。

でも、この話題選びで大切なのは、どんな種類の野菜を選ぶかということ。政治や経済のように、たとえ鮮度が高くとも、相手によっては刺激の強いもの、堅くて食べづらいものは素材として不適切であることも。そこで、**「爽《さわ》やかで明るくなる話題」**を選びます。好き嫌いの少ない、食べやすい素材で一皿仕立てます。

もう一皿は煮込み野菜料理。こちらは、じっくりと煮込むためには時間が必要です。素材のよさは当然として、シェフとしては腕と経験も必要です。ここは、自分の経験や感じたものを熟成させた**「じっくりと深い話で心が温かくなる話題」**。

私は、この二つのお料理を頭のなかのお鍋に仕込んでおいて、お話をするようにしています。

「ちょっと興味を持つこと」が煮込み野菜料理の簡単レシピ

「私なんて、まだまだ未熟。経験も乏しい。だから、ニュースの受け売りならともかく、深い話なんて、とてもとても…」

そんな声が聞こえてきそうです。もちろん、長く生きてきた人の中には、一つひとつの言葉に含蓄があり、立ち居振る舞いにも品格が漂う人がいるでしょう。それは時間と経験がもたらすもの。若い人なら、そんな真似などできないかもしれません。

では、どうしたらいいのでしょうか。そこで私がオススメするのは、一つだけ。

「話題の仕込みに、ちょっぴり時間をかけてみる」

話題の仕込み方なんて難しく考えることはありません。それは、**ちょっとだけ身近な世間の出来事、そして人間に関心を向けるだけでいい**のです。

「これは何かしら？」
「この出来事はどういう意味なんだろう？」
「なぜ、この人はチャーミングなんだろう？」
「どうして、この商品は人気があるんだろう？」

自分の周りに「なに？」「なぜ？」「どうして？」という視線をこれまで以上に送ってみること。そんな視線があなたに「あなただけの気づき」をもたらしてくれます。

「気づき」はたくさんの言葉を生み出します。そしてどこかにそっとメモしておく。そのメモは読み返さなくて結構。

言葉に敏感になれたら、もうそれだけで十分です。知らぬ間に「語りたいこと」「語らずにはいられないこと」が頭の中に貯蔵されて、必要なときにあなただけの言葉となって湧き上がってくるくせが身についてきます。それはいつかきっと、深い味わいのある素敵な煮込み野菜料理になるでしょう。

出だしに充てられる時間は15秒まで

―前菜（出だし）だけで、お腹をいっぱいにさせていませんか？

「起長」を受け入れるほど「気長」な人はいません

「起承転結」。これは小学生でも知っている話し方や作文の基本です。

「起」：まず、こんなお話があります
「承」：話というのは具体的にこうなんですよ
「転」：ところが、話はいろいろ込み入ってましてね
「結」：というわけで、結末はこうなりました

この法則を抑えておけば、だいたいの話は伝わるというわけです。話の内容、状況によって、この「起・承・転・結」にかける時間の配分は違ってきます。話し上手の人には、このバランスのよさが備わっています。

でも、**実際に交わされる会話は、「起承転結」という順番やそれらの絶妙のバランスがとれていないことが往々にしてあります。**

特に多いのが「起長」な人。これは私の造語です。「きなが」と読みます。「起＝前置き」を長々と話していて、なかなか「結」にたどりつかない人のことです。

中には、たどりつかないどころか、**「起長」の度合が強すぎて「結」が消滅してしまう人さえいます。**

「あれ？　私、結局何を話そうとしていたんだっけ？」。そんな人があなたの周りにいませんか？　もしかして、あなた自身がそんな話し方をしていないでしょうか。そんな話に付き合わされる人はかわいそうですよね。周りの人すべてが、それほど「気長な人」ではないものですから…。

特に、セミナーなどの質疑応答の時間で、質問をする方に多く見受けられます。自己紹介や自分の意見ばかりおっしゃって、「何が聞きたいのだろう?」となかなか質問の内容という「結」に入らないのです。

料理にたとえると、「結」にあたる結論が一番大切なメインディッシュ。「起」に該当する前置きは前菜です。

前菜でお腹をいっぱいにしたい人はいません。前置きがあまり長すぎると、やがて、「もう、お腹いっぱい」と言って、メインディッシュが残っていてもナイフやフォークをお皿の上に置いてしまいます。「いったいあなたは、結局何が言いたいんですか?」という苦情が、聞こえてくるようです。

15秒以上の「起」は誰も聞いてくれない

「必要なことは1分間もあれば十分」と、私はさまざまなセミナーで教えています。

プレゼンや講演会のように大勢の前で話すのではなく、目の前の相手と会話をする場合は、話題を1分以内にすることが大切です。どんな話も、1分に要約できるはずです。**1分以上になると、お腹がいっぱいになる（＝誰も聞いてくれなくなる）と肝に銘じたほうがよい**でしょう。

どうしてもそれ以上話さないといけない場合は、相手に「ここまでのお話、おわかりいただけたでしょうか」などの断りを入れて、いったん区切って一方的に話すのを中断してから、続けるようにしましょう。

となると、**前菜である「起」に割り当てられる時間は、せいぜい15秒以内がいい**ところ。なぜ15秒かと言いますと、テレビのCMがたいてい15秒であるからです。誰もが日常生活の中で、見ていて退屈しない時間が15秒だとして、体に染みついているはずなのです。

またいきなり「結」から入る場面もあります。

「要点から先にお話し致します…」

「本日、お伝えしたいことは…」

このような言葉に続けて話すとわかりやすいですね。

「結」だけをしっかり伝えていれば、その他の「起」・「承」・「転」は聞き側にとっては、実はあまり印象に残っていないものです。

ともかく、**メイン料理をおいしく食べていただくことに力を注いでください。**

人は意味のない話を聞かない権利を持っている

―「自分の関心≠相手の関心」は稀であると肝に銘じよう

人事のプロが教える採用したくなる人の特徴とは？

「今日の面接は完璧でした。日頃からあの会社に対して考えていたことを言ってきました。自分の言いたいことがすべて言えたって感じです♪」

大手企業の面接試験を受けてきたばかりのAさんが、頬《ほお》を染めながら言います。Aさんは、私の知り合いのお嬢さん。有名大学の卒業を控えて就活の真最中。とても優秀な女子大生です。私は、「自分の経験談が役に立つなら」と、時々お話を聞いてあげています。

でも、ある企業で採用試験を担当する総務部で働く私の友人に、私がAさんの話をすると、ちょっと顔を曇らせて、こう言いました。

「僕が彼女の面接をしていたら、ちょっと厳しい点数をつけるかもしれない」

「どうして？」

「話の様子だと、『ちょっと彼女は喋りすぎ』って印象を持たれたんじゃないかな？」

「なるほど」

「面接官は、彼女の言いたいことを聞きたいんじゃなくて、面接官が聞きたいことにどう答えてくれるかを見ている。彼女は、面接官の聞きたいことに答えていたかどうか…」

友人は言葉を濁していましたが、危惧した通り、Aさんはその会社の試験に失敗してしまいました。

後日、その友人に聞いてみました。

「あなたが面接官なら、どんな人を採用する？」

「そうですね、最初から仕事ができる人は、まずいない。仕事は会社に入ってから覚えてもらえばいい。だから、**どんな人を採用するかの基準は、その人と一緒に仕事をしたら楽しいだろうなと思わせてくれる人。**好奇心が旺盛で、何事にも前向きで、話が楽しい人。あと、人の気持ちがわかる素直な人」

そう、同じ職場にそんな人がいたら、本当に楽しそう。さすがに人事のプロの目は一味違うと思いました。でもこれって、仕事仲間だけでなく友達でも恋人でも、一緒にいたいと思わせる人としては同じですよね。

発言は控えめに。相手の話は熱心に聞く

そこで私は、こう考えました。

「人は、意味のない話を聞かない権利を持っている」

何だかひどい表現かもしれませんが、これはまぎれもない事実です。仕事上あるいは生活していくうえで必要なことだったら、多少嫌になることがあっても聞いてもら

えます。

でも、相手にとって必要でもなく興味のないことでしたら、聞いてもらえる可能性はゼロに等しいでしょう。なぜならば、相手にとってあなたの話を聞くことは、メリットが何もないどころか、時間を消耗するだけですから…。話を聞いてもらえなかったとき、それを相手のせいにしてはいけません。それだと状況は何も改善されません。

そこで、簡単にできる解決策を教えましょう。次の二つを意識するだけで、かなり改善されますよ。

・言いたいことは控えめに。相手の聞きたいことをしっかりと捉えて誠実に答える
・相手の言いたいこと（聞かれたいこと）を探って質問する。相手の言いたいことにはしっかりと耳を傾ける

自分が言いたいことと相手が聞きたいことが同じケースは、実はそれほど多くないと考えましょう。コミュニケーションのプロフェッショナルは、よく観察すると、優秀な「ピッチャー」よりも優秀な「キャッチャー」が多いようです。

自慢話も同じです。

仕事の武勇伝を延々と語る人も多くいます。職場や就業時間内ならまだしも、時間外でくつろいでいる場でも、過去の実績を延々と語る人。自分の仕事の大変さからくる責任感や、それをやり遂げているという自尊心がそうさせてしまうのでしょうが、さらには、お給料が高いこともチラつかせたりと、あまり格好よくありません。そういう方は、女の私から見ても「野暮」に見えてきます。

「そとづら」のいい人は、細かく聞かれない限り、自分から自慢話をしないものです。

知らないふりをする舞妓さんの「ばかかしこ」

舞妓さんたちの間には「ばかかしこ」という言葉があります。それは、お客さまから何を言われても「へぇ、そうどすか?」と「へぇ」「へぇ」と話を聞いているような反応をします。

「ばかかしこ」とは、ちょっと言葉は悪いですが、「ばか」のように何でも言うことを聞いてはいるけれども、頭のなかではいろいろ考えているのが「賢い」のだ、という教えです。つまり、**すべてわかっていても、何も知らないふりをしているのが「ばかかしこ」。**

その逆に、わかったふりをしてお客さまの相手をしていても、実は何もわかっていないのを「かしこばか」というそうです。

毎日のように顔も職業も違うお客さまの話を聞かされる舞妓さん。それでも**嫌な顔ひとつせず、何も知らないふりをして「へぇ」「へぇ」と聞いている。この「そとづら」のよさ。**これこそ、プロの証といえるのではないでしょうか。

そうではなく、何でもしゃしゃり出て、「私が、私が」と「私事」に話を持っていくと、「そとづら」は悪くなるばかり。自分の賢さまでそぎ落としていると、肝に銘じたほうがよさそうです。

知ったかぶりをするよりも、知らないふりをする。一度聞いた話でも、「その話前にも聞きました」と無碍《むげ》に言わずに初めて聞くかのように関心を寄せる。そんな聴き方が「そとづら」のよさになると思います。

「間抜け」に注意！

――「そとづら」のいい人は、**時間の「間《ま》」を抜か**さず、**上手に作っ**ている

盛り上がっていると思っているのはあなた一人だけ

もしかしたら、「間抜け」と聞いて、ドキッとした人もいらっしゃるかもしれません。実は、辞書に出ている「おろかな」という意味では決してありません。**私が使う「間抜け」は「間が抜けていること」、つまり「間がなく、何かをし続けている状態」**という意味です。

先日、「間抜け」な話し方をしてしまっている女性と遭遇しました。それは、ある

音楽会でのこと。休憩時間にロビーで喉を潤《うるお》していると、経営者の女性を紹介されたのです。

とてもハキハキとした、いかにも男勝りの彼女。素敵な雰囲気を持つ人ですから、いつの間にか彼女の周りには大きな人の輪ができました。そして、話が弾むうちに趣味の話になったのです。

「少し前からBデパートで開催している展覧会のことですが…」

私がそこまで話した途端、その女性はすかさず口を開きます。

「ええ、あの有名なC先生の展覧会ですね。私も、先日のオープニングに行ってきたんですよ。それはもう、とても素敵でした。中でも気に入った作品が…」

あとはもう彼女の独壇場。一人で喋りっぱなしです。休憩時間は間もなく終わり、演奏会は再開されます。

一緒にいた人も呆れ顔で、一人二人と彼女のそばを離れていってしまいました。しかし、当の本人は浮いてしまっている状態に気づきません。この状況の「間抜け」とは、彼女がまったく相手に喋らせなかったり、考えさせずに一方的に話し続けている状態のことを指します。

ずっと喋りっぱなしであったり、矢継ぎ早に質問ばかりする人の前では、誰だって何を話していいかわからなくなってしまいます。**ちょっと間を作って、相手に考える時間やお話していただく時間や、相手と和やかに過ごす時間を用意したほうがいい**のです。

何事もスムーズがいいとは限らない

逆に「この人、とてもいい間のとり方をしているなぁ」と感心させられる人に出会うことがあります。

たとえば、私がこんな言葉を投げかけたとします。

「このお花はとてもキレイですね」

するとその人は、ちょっとお花に目をやって、静かに微笑んで答えます。

「そうですね。とてもキレイですね」

微笑んで答えるまでの、**ほんのちょっとの「間」が、とても心地よい深さを味わう時間に感じられます。お互いにこんな「間」のキャッチボールができれば、会話はとても穏やかで素晴らしい時間になるはず**です。

「当意即妙《とういそくみょう》」という言葉があります。意味は「素早く、その場面に応じて機転を利かすこと」。

どんな場面でお話をしていても、とても機転が利いた素晴らしいことを言う人がいます。まさに、当意即妙の人です。頭の回転のよさも、感じさせてくれます。

でも私は、**何事もスピーディに澱《よど》みなくスラスラと進めることばかりが、必ずしもいいことだとは思いません。**ときには、たどたどしくても、適度な間が必要だと思うのです。**「間」が人間の深みを増すと言ってもよいと思います。**

「間」を大切にする思いやり、「間」を抜かさないひとときを、大切にしたいですね。

テニスではスマッシュが、会話ではラリーが決め手

―人は対立よりも調和を好む。ゆえに、双方向のやりとりが大事になる

テニスのラリーにたとえればコミュニケーションの本質がわかる

「和をもって貴しとなす」

聖徳太子の言葉とされているものです。私たち日本人にとって「和」すなわち「調和する」精神は、誇るべきものだと思います。

会社でも、趣味のサークルでも、何であれ、複数の人間関係が生まれる場合、「調和」することが何よりも大切です。

実は私は高校生の頃、クラブ活動で軟式テニス部に所属していました。私はそこで「調和」することの大切さを学んだような気がするのです。

テニスは初心者でしたから、はじめのうちはなかなかうまくいきませんでした。しかし、ある程度慣れてくると突然楽しくなってきました。テニスといえば、まずネットをはさんで相手と打ち合います。「乱打」とか「ラリー」と呼ばれる練習です。

この**「ラリー」が楽しいのです。何が楽しいかといえば、どちらもミスをせずに何回も打ち合いが続くところ**です。

お互いに相手の経験や実力に合わせて、ショットの強さやコースを調整して「ラリー」が長く続くようにするわけです。いってみれば、一方通行ではなく長く続けようというお互いの呼吸が大切なわけです。そうではなく、相手が返せないような強いショットを放ってばかりでは、練習になりません。

とはいっても、緩い山なりのボールの打ち合いだけでは練習になりません。ラリーを続けながら、ある程度の強いショットやちょっと厳しいコースを狙ったりもします。

このように二人で共同作業をすることで、お互いが自分でも気づいていないような可能性を引き出し合うことができます。

さらに言うと、「そとづら」のいい人は、相手がどんな球を打ってきても拾い上げ、ラリーを続けていく人でしょう。

このテニスの「ラリー」って、何かに似ているとは思いませんか？　そう、人間同士の「コミュニケーション」です。

「相手の言葉＝相手の打ったボール」を受け止める

「自分の言葉＝自分のボール」を相手が受け止めやすいように打ち返す

と考えれば、わかりやすいでしょう。

人は新しい意見より自分と同じ意見を求める動物

コミュニケーションは、多くの場合、決して戦いや試合ではありません。相手をやっつけることが目的ではなく、お互いの考え方や嗜好《しこう》などを尊重し合いながら、意見交換したり、問題解決することが目的です。

これを続けることが、コミュニケーションの基本。うまくできない人は、気がつくといつも人と「角突き合わせる」ばかりになってしまいます。他人との「調和」など望むべくもありません。

この基本の要点は、「自分本位」ではなく、まず「共同作業」であること。つまり**「自分の言いたいこと＝自分の打ちたいボール」を抑えた上で、「相手の言いたいこと＋自分の言いたいこと＝よい按配《あんばい》のラリー」を楽しむというスタイルです。なぜなら、コミュニケーションの目的が相手を攻撃することではないからです。**


打ちごろのボールが返ってきたからといって、スマッシュや相手の動きの逆を突くようなショットを打っていては、「ラリー」は続きません。お互いが返しやすいショットを打つことを心がけ、もし相手がミスをして返しにくいショットを打ってきても、何とかがんばって相手にボールを返すという姿勢がなければなりません。

円滑で調和のあるコミュニケーションは、強い言葉、怒り、叱責の交換ではなく、穏やかな言葉、共感、同意によって成り立つのです。

「あなたが明日出会う人々の四分の三は、『自分と同じ意見の人はいないか』と必死になって探している。この望みを叶えてやるのが、人に好かれる秘訣だ」

『人を動かす』『道は開ける』など、自己啓発やコミュニケーション術に関する世界的ベストセラーを残したデール・カーネギーはそんなことを言っています。

テニスにおいては「私はこんなにうまいのよ」「あなたのボールなんてすぐにスマッシュできるんだから」などと実力の違いをアピールしたがる人は、誰も練習相手になってはくれません。

「エゴ」は、とかく他人との違い、自分の優位性をアピールさせたがるもの。エゴ丸出しのディベート合戦や交渉術では、真の問題解決はできない世の中になってきています。

これからは「調和」のコミュニケーション・人間関係が求められる時代です。

相手の長所はどんどん口に出す

——いい情報は即、アウトプットする

ネガティブな言葉を発した自分の顔は相当に醜い

うかつに好き嫌いを断定してしまうことは、自分の選択肢を狭めてしまうだけでしょう。だから、まずはマイナスの言葉は口にしないこと。食事でも「これはまずい」「おいしくない」というネガティブな言葉を口に出していいことはありませんよね。

それに、自分とは違って「おいしい」と感じている人にとっても、決して愉快なことではないですから。「口にしなくてもいい言葉」で、相手との「対立軸」をわざわざ作り出す必要なんてありません。

そして、そのような**批判めいた言葉を口にしているときの自分の顔って、間違いなく素敵ではないはずです。「そとづら」の悪さの代表的パターンと言ってもいい**でしょう。

ちょっと堅苦しい言葉でいえば、**「マイナスの言葉は留保する」**ということです。

たとえ、マイナスの言葉が浮かんでくるようなことがあっても、一呼吸して、その言葉はちょっと脇に置いておくことですね。その代わり、**「プラスの言葉はどんどん口に出す」**。些細なことでも、プラスの要素を見つけたら言葉を飲みこまずに思い切り吐き出すべきなのです。

いい情報、いい感情が、自分のなかに「インプット」されたら、すかさず「アウトプット」したほうがいいのです。「好き」「おいしい」と言っているときの顔は、自然にいい「そとづら」になっています。

誰でも気づくレベルの長所を見つければいいだけ

相手の良い外見の変化に気づいたら頭の中に置きっぱなしにしないで、こんなふうにメッセージを送ってみましょう。

「今日の髪型、可愛いわね！」

「いつも以上に肌がツルツルしていてきれいね！」


仕事でがんばっている姿に気づいたら、次のように。

「あなた、すごいわね！」

「頼りにしているわ！」

こんな**簡単な言葉でいいのです。そんなに細かい観察力も、気の利いた言い回しも必要としません。**

自分が感じたプラスの印象は、**「こまめに」メッセージ化**するべきです。これは、別に格好つけるということではなくて、いい「そとづら」を持ち続けるためにはとても大切なことだと思います。

いい「そとづら」の人は、**「言って喜ばれることは声高に」「言って嫌がられることは沈黙」**が、確実にできています。

第2章

「そとづら力」を上げる「見た目作り」「振る舞い」

笑顔と上品さを出しすぎない

―過度な笑顔と上品さは、敵を作ってしまう

笑顔もやりすぎたら台無しになる

異性の目を惹くだけではなく、同性から一目置かれる存在になること。私はこれこそが本物のいい「そとづら」だと思っています。同性から憧れられる存在になるには、いろいろなハードルをクリアする必要があります。

異性に好かれるのが難しいことは、恋愛などで誰もが痛いほど味わっているかもしれません。とはいえ、それに比べれば同性から好かれるのなんて簡単だと思ったら、大間違い。**同性に好かれるには、異性に好かれるのとはまた違った視点を持たなければ**

ばならず、たやすいことではないですよね。

女性の場合、

「きれいだから」

「可愛いから」

「スタイルがいいから」

これだけでは、同性の心をつかむことはできません。むしろ反感を買われることもあるかもしれません。しかも女性というのは些細なことをきっかけに、人を嫌いになることがあります。

「同性の視線は、異性以上に気にかける」

同性に対しても「そとづら」をよくしたければ、これくらいの心構えが大事です。

最大のポイントは、やはり「第一印象」です。これは、男性でも同じこと。

それも、きれいだとか、目鼻立ちがはっきりしているといったものではなく、**柔らかい顔つき、つまり「笑顔」がカギになってきます。**柔らかい、優しい顔つきというのは、人に大きな喜びと安らぎを与えてくれますよね。

人の顔というのは本来、誰でもゆったりとした、余裕のある造りをしています。やはり呼吸をしているわけですから、意識しなくても自然に呼吸のできる表情というのが、最も自然な笑顔に近い表情だと思います。そんな表情を目指したいですよね。

ここで気をつけなければいけないのは、「無理に」笑顔を意識しないことです。本当はそこまで楽しく、嬉しくもないのに、いかにもニコニコとした満面の笑みというのは、目が笑っていなくて顔の線も崩れますから、どこか下品で冷ややかな印象に見られてしまうことがあります。ある程度の齢を重ね、上品さを出したいときにそれではお話になりません。

何事も、やりすぎは嫌われます。本当にちょっとだけ、20%もあれば十分。自然に口元が緩む程度の笑みというのが、理想です。

上品さも意識しすぎると反感を買う

第一印象で、いかにこの自然な表情を見せることができるかがカギになります。

もちろん**私自身も、どう見られているのか、相手に対して失礼な印象を持たれていないかを、常に気にかけています。**

私は、講演の際、来てくださった方の中から三人くらいの方に、必ず次の質問をするようにしています。

「初めてお会いしたわけですが、私の第一印象は、どのように感じましたか？」

嬉しいことに、多くのお客さまが、こういうふうに答えてくださいます。

「上品に見えます」

「そんなに中身は上品ではないのに…」と心の中では否定しつつも、やはりこう言っていただけるのは素直に嬉しいものです。自分自身では意識していないつもりでも、どこからかそういった印象のよさを感じていただいているのかな？と。やはり、たとえ相手が誰であっても、**下品だと見られるようなことは嫌ですよね。**

そのように印象をよくしたいという意識が知らず知らずのうちに働き、自分の行動に出ているのだと思っています。

「下品に見られたくない」

「上品が好きだし、上品に見られたい」

これは、特に女性なら誰もが抱く自然な願望です。

とはいえ、**周りから上品だと感じられる言葉遣いや振る舞いは、曲者だったりもします。上品さを連発すると慇懃無礼《いんぎんぶれい》になり、かえって距離を感じさせてしまうからです。**

「そとづら」のよさは、感じのよさ、親しみやすさというところでもあるので、相手に上品だと感じてもらっても、距離感を抱かせてしまっては台無しです。相手との絶妙な距離感をどれだけうまく設定できるかがキーになります。

自分の顔を好きになる

——どんな顔にもチャームポイントは必ずある！　いい顔はいい「そとづら」に必須

顔だけでも好きになれば
すべてが好転していく

「自分の顔を好きになる」
私はこれこそが、「そとづら」をよくするために最も必要なことだと思っています。

やはり他人から好感を抱いてもらうためには、自分自身を好きになり、そこを強みとして積極的にアピールする必要があるからです。

まずは、素のままの自分の顔を好きになることから始めましょう。それこそが、人間関係を円滑にし、自分を幸せにするための第一歩となります。

「自分が嫌っている顔」なんて、人から見れば「とっつきにくい顔」ということにしかなりません。

しかし、**自分の顔が好きなら、それだけで自信が持てるようになります。**好きになれば、自分をもっともっと磨こうとします。目指す顔に、どんどん近づいていきます。**特に大きな手間は必要ありません。**

顔だけ意識すれば、次第に日々のケア、体重管理など、身体全般に対して、ちょっとしたことで自分をブラッシュアップするくせがつきます。そして、ますます自分を好きになっていくものです。このような**好循環を作ってしまいましょう。**

ところが、自分の顔や体に自信が持てないからと、常にコンプレックスを抱えているとどうでしょうか。

「どうせ何をやっても…」と諦めるくせがついてしまったり、気分も落ち込むことが多くなります。身だしなみのケアも、なおざりになってしまいます。不満を口にしてばかりで、表情はますます暗くなってしまいます。

すべてが悪いほうに陥ってしまうのです。それではいい**「そとづら」はどんどん遠ざかっていきます。**

誰でも自分の顔に１００％の不満はない

自分を好きになれない人には、ある特徴があります。それは、**どんなシーンでも「物事の悪い部分を探す」**ということ。

自分の顔や容貌についても、その意識が働きます。鏡を見つめれば、まずは気になる部分のチェックから始めます。そして、自分の顔の中で好きになれない部分で、目と思考が止まり、落胆し、ため息が出ます。

誰だって、探せばいくらでもいい部分が見つかるはずなのに、そこに至る前に諦めて、自分が嫌な気分になってしまうのです。

確かに、誰もが自分の顔に１００％満足することはありません。どれだけ人気がある俳優やアイドルだって、それは同じ。しかし、逆に考えれば、**すべてがすべて、100％不満だという人もいないはず**です。

たとえば、顎《あご》が長かったとしても、もしかしたら目元がとてもぱっちりとしてチャーミングかもれません。目がちょっと細く、一重まぶたでも、そのつぶらな瞳に可愛らしさが宿っていませんか？　鏡の前で、自分の顔のチャームポイントを探す前に、コンプレックスを感じるポイントばかりを探して見つめていませんか？

ネガティブな視線は、ネガティブな感性しか生み出しません。もっと、自分にポジティブな視線を持ちましょう。

「私の笑顔って、案外悪くないわ。いいんじゃやない！」

そういう視線を持てば、とてもいい循環が生まれてきます。

何度も鏡を見ては、もっといい部分を探そうとするようになります。**要は全体ではなく、個々のパーツや、鏡に映る角度でもいい。自分を好きになれるところを見つけること**です。

気がつけば、あなたは驚くほど明るい表情のできる人になっています。明るい表情というのは、人をきれいに魅力的に見せてくれます。

「自分の顔を好きになる」、つまり「自信が生まれる」ということは魅力的な「そとづら」作りには欠かせないのです。

背中に一本「金の棒」を入れる

——姿勢については、まずは背筋だけでも伸びてさえいればよい

姿勢が悪く自信がないと誰も寄ってきません

「その人間が指名手配されている犯人かどうかは、歩き方と姿勢である程度は判断できる」

ある方のご紹介で知り合いになった方の言葉です。その方は長年、警視庁の捜査一課に刑事として勤務されていた方でした。

「姿勢は悪いし、上目使い。歩き方も歩幅が狭くて、自信なさ気に背中を丸めて歩く。他人に声をかけられたくない、他人に顔を見られたくないという心理が、自然とそう

させるんですよ」

ちょっと極端な例ですが、世を忍ぶ生き方をしている人は、「そとづら」をよくするわけにはいきません。人が親しげに集まってきたら、困りますから…。ですから、姿勢や歩き方もそれなりのものになってしまうようです。

そういえば、ひと昔前にヒットしたハリウッド映画『逃亡者』で、無実の罪を負わされて真犯人を探すために逃亡する主人公は、いつも伏し目がちに背中を丸めて歩いていました。ハリソン・フォードが主人公を演じていましたが、真犯人が捕らえられた後は、堂々と姿勢よく歩いていたような気がします。

いずれにしても、**姿勢の悪さや自信なさ気な歩き方は、人を寄せつけない象徴と言えそうです。「そとづら」のよさの大敵とも言えるでしょう。**

自分を優美に見せる基本は、何と言ってもやはり姿勢のよさです。一流ブランドのスーツを着て、高価なバッグを肩にかけていても、姿勢が悪い人、歩き方の悪い人というのはなぜか優美には見えません。

いい姿勢、いい歩き方という基本ができていないと、着飾ることはできても、着こなすことはできないものなのです。

人に見られているときのみ金の棒を背中に入れてみる

姿勢のよさは、周りの人に好印象を与える「そとづら」のよさの重要な要素です。ですからCAの研修では、きれいに見せる姿勢、歩き方について、徹底的に叩き込まれました。

「自分の背中に、一本の金の棒が入っているつもりで、常に姿勢を正しくしていなさい」

その教えの通り、優美な印象を与える姿勢としては、背筋がピンと伸びているというのが非常に重要なこと。それだけで、優美で自信に満ちた生き方をしているとすら、相手に思わせることができます。

自分に照明が当たっている間は、「凛《りん》とした姿勢」を意識しましょう。スイッチを「オン」にして「つっかえ棒」を感じてください。

「あの人は、オーラがある」「あの人のオーラはすごい」。そんな言葉をよく聞きますが、人のオーラの出し方は、こういった自分自身の「金の棒」の意識から生まれてくると思っています。

「私は見られていないときは死んでいる」。これは、マリリン・モンローの言葉です。大女優の教え通り、あなたも誰の視線もない「オフ＝うちづら」のときは遠慮なく、金の棒は抜いておいても構いません。

そうはいっても、「オン」状態のときに背筋を伸ばした姿勢を維持するというのは、それはそれでなかなか体力を必要とするもの。身体を支えるのは筋肉。腹筋や背筋です。これらは普段から動かしておく必要があります。

私がやっているのは、**両肩を上げて、左右の肩甲骨をグッと近づけ、スッと肩の力を抜くというエクササイズ。たった、これだけ。いつでもどこでも、道具も必要なく**

簡単にできる姿勢正しです。

意識して背筋を伸ばし続けるというのも、それだけで立派な運動になります。

ながら動作をやめる

―「そとづら」がよくなり、正確に行動できると一石二鳥

「みっともない」「時間を無駄にする」と欠点だらけの「ながら動作」

「ピシッ」「シュッ」「ハキハキ」。

言葉でも行動でも、簡潔でシャープ。一言で言えば「キレがある」という人は、本当に気分がいいものです。誰でも同じだと思いますが、きびきびとした行動が嫌だという人は、まずいないはずです。

そんな言動や立ち居振る舞いをしている人に対して、相手は好感を抱きます。それは同時に、信頼に足る人物であるという印象を持ちます。

美しい動きを維持するというのは、実はそんなに難しいことではありません。ポイントは二つ。

「ながら動作をしないこと」

「焦りを見せないこと」

これに尽きます。

誰でもついやってしまうことなのですが、**人と応対しているときの「ながら動作」は、自分が感じている何倍も相手に不快感を与えます。**

たとえば、パソコンの画面を見ながら返事をされたことや、書類を片づけながら指示されたことはありませんか？　いずれも注意力が散漫で、相手は「心がこもっていない」と感じるはずです。

ＣＡの仕事は、時間との戦いになることが少なくありません。離陸までに、お客さまのご案内と荷物の確認、さらには飛行機の安全確認を短時間でやらなければなりません。

離陸後も、狭いギャレー（機内の台所）の中での作業は、常に時間との戦いになります。何かをしながら次にする作業のことを考えなければならない状況というのは、どうしても出てきてしまいます。

ギャレーでは、うちづらを発揮して、迅速に、機敏に行動します。当然、ながら動作ばかり。この姿は乗客の方にはお見せしたくありません。

しかし、ギャレーから一歩、キャビンへと出たら、優雅さが大事。どんなに焦っていても、一つひとつの動作を丁寧に。洗練された振る舞いが求められます。

どんなに忙しくても、そういうときこそ、一つひとつの仕事をきっちりと片づけてから次の作業に移ることが大事です。**複数のことを同時にこなそうとすると、どうしても作業そのものが雑になってしまいます。**やり直したり、気ばかりが焦ってしまい、**結局、一つずつしっかり片づけていくよりもはるかに多くの時間を費やすことになる**のです。

また、そういうときの姿というのは、一見、テキパキと動いているように見えるのですが、よくよく観察してみると、無駄な動きやミスが多く、かなりだらしないのです。すべての作業が雑で、とても格好のいい行動姿勢ではありません。

読者の皆さんも経験があるのではないでしょうか。たとえば挨拶。通路でも、オフィスの中でも、人と会ったときに挨拶をします（挨拶をしないというのは論外ですよね）。このとき、何かをしながらの挨拶をしてしまうということがあります。誰でもついついやってしまうものです。

「なによ、形だけじゃない」「心がこもっていないわ」「いいかげんな人ね」「お調子者みたい」などと、**勝手なよからぬ解釈をされて、言われ放題**です。

「ながら動作」は、かえって相手に不快感を与えることがありますから、厳禁です。

叱られたら勉強になった！と喜ぼう

かくいう私も、CA時代にお客さまにお叱りを受けたことがありました。飛行機が着陸し、お客さまが飛行機を降りられるときのことです。ご存知のように、客室乗務員は出口に並び、お客さまお一人おひとりをお見送りします。

私があるお客さまにご挨拶しようとしたときのことです。並んでいるお客さまの列の後方から、小さなお子さんの叫び声が聞こえてきました。突然のことでしたから、私自身も驚き、声のする方向に目を転じてしまいました。

その結果、「ご搭乗ありがとうございました」と言いながら、私の視線と顔はお子さんの叫び声の方向に向けられていたのです。本来ならば、降りられるお客さまをきちんと正視しながら、頭を下げてご挨拶しなければなりません。

「声はこっち、顔はあっち」

私のそんな「ながら動作」のご挨拶では、お客さまが気持ちよく飛行機をお降りになれるはずもありません。

「なんですか、その態度は！　失礼じゃないか」

私はきついお叱りを受けました。私はお客さまに対する自らの非礼を丁重にお詫びしました。

「あんなにきつい言い方をしなくてもいいのに…」

すべてのお客さまをお見送りした後に、同乗していたＣＡが私に声をかけてきました。

「えっ、何が？」

私は聞き返しました。

「あのお客さまの態度ですよ」

私が、お客さまから叱責を受けたことで落ち込んでいると思ったのでしょう。私を慰《なぐさ》めるつもりだったのだと思います。でも私には、お客さまの態度に反発する気持ちは皆無でした。

「非礼をご指摘くださってありがたい」

「二度と『ながら動作』をしてはいけない」

そんな気持ちしかありませんでした。なぜなら、お客さまの**お叱りは100%正しいから**です。何度も言うように、私は性格的に他人の批判をすることが好きではありませんし、批判の要素を見つけ出すことも苦手です。いい意味で「能天気」なのです。

世の中には自分のほうに落ち度があることがわかっていても、そのことを指摘され、叱責を受けると、それを素直に受け入れることができない人がいます。中には怒り出す人もいます。いわゆる「逆ギレ」です。

逆ギレしないまでも、「だって」や「でも」という言葉を武器に抵抗の姿勢を見せたり、「はい」と言いつつも明らかに不満の表情を浮かべる人もいます。

でも考えてみると、**そういうスタンスでは結果として損をするのは自分です。正しい批判や叱責を受け入れることで、自分を改善するチャンスを逃すことになるのです。見方を変えて、感謝の気持ちを持つことが必要**です。

叱られるような事態や気づかされる事態が起こるのは、自分自身がそれを引き起こしているからです。自分に問題があると考えて自分が変わる以外に、そのような事態はなくならないと思います。

特に、接客業においてはとても大切なことです。お客さまに満足感や感動を与える仕事を生業《なりわい》にしている以上、そうでなければならないのです。

動作一つひとつを完結させれば
きびきびした感じが簡単に出せる

エピソードの紹介が少し長くなりましたが、「ながら動作」は、自分が思う以上に、相手に対して非常に礼を欠く態度であることを知っておいていただきたいのです。

日常生活においては、思わず「ながら動作」をしたくなることが確かにあります。

しかし、これは禁物です。

・一瞬でも立ち止まって、お辞儀をする
・きちんと相手を正視して話す

これだけの動作を加えるだけで、相手に好感を与えるきびきびした動きになります。時間にしても数秒かかるかかからないかですので、これで時間を失うことはありません。

美しい行動・振る舞いというのは、ひとつの動作を完結させることから生まれてくるものです。

行動、姿勢にけじめをつける。一瞬一瞬の動作でも、それを大事にしてしっかりと相手に初動から完結までの姿勢を見せること。

以上のお話は、少しお説教っぽく聞こえたかもしれません。

でも一番お伝えしたかったのは、**ほんのちょっと気をつけるだけで、「そとづら」が俄然よくなる**ということです。**一つひとつ挙げてきた行動は、ほんの些細なことばかり**ではないでしょうか。どれも、とても簡単なことです。

しかも、時間はかからないどころか、**今まで以上にどの行動も時間が短縮されます。それは、動きがきびきびして速くなるからです。**

「あの人の立ち居振る舞いは優美だわ」
「落ち着いていて信頼できそうだわ」
そんな声が、あなたの周りから起こり始めますよ。

悩み下手になる

――「悩むこと」と「傷つくこと」が下手になれば、暗い人間にならない

暗いままだと「そとづら」は永遠によくならない

「暗い人と付き合ってはダメ」

『生きていく私』という自伝的小説をはじめ、多くの作品を遺された作家・宇野千代さんの有名な言葉です。

「なぜですか？」

そう問われると、彼女は一言。

「うつるから」

男性との恋愛を幾度か経験され、奔放《ほんぽう》に女性としての生涯を終えた方だけに、説得力のある言葉です。

私もこの言葉は正しいと思います。**暗い人というのはどうも、身体全体から負のオーラを放出しているのか、周りまでも負の空気に巻き込んでしまうようです。**そういう人と一緒にいると、こちらも相応のエネルギーを吸い取られてしまいます。**できるだけ巻き込まれないように、近づかないようにするのが賢明**です。

もちろん、生きていれば何らかの大きな悩みを抱いたり、厄介なトラブルを抱えてしまうことはあるでしょう。でも親切心でそれを聞いていては、言い方は悪いかもしれませんが、自分がその人のはけ口になってしまっていると思います。

暗くなることで悩みやトラブルが解決するなら、それはそれでいいでしょう。でも、そんなことはあり得ません。むしろ、逆効果といっていいでしょう。**悩みやトラブルのダメージをさらに深刻なものにしてしまう**からです。

私にしてみても、天真爛漫《てんしんらんまん》、悩みなしで生きてきたわけではありません。誰でも経験するような悩みを抱えたこともあります。それでも、私は次の瞬間こう考えるのです。

「ふさぎ込んでいても、何も解決しないわ」「さあ、どうしよっかなー？」

命に関わるようなことでもない限り、私は「空元気《からげんき》」で気分を変えます。すると、**不思議なことにそれまでの悩みが小さくなり、ふさぎ込むことはなくなります。**

「あなたって、ちょっと能天気すぎるんじゃない？」

思ったことを何でもはっきりと言う友人は、私のことをそんなふうに言います。人によってはそんな言葉に反発を覚えるかもしれませんが、私は妙に納得してしまいました。それどころか、「そうかもしれない」とまで答えました。

私にとって「能天気」という言葉は、ある意味で褒め言葉にも思えます。中国の古典では「気を転ずることができる人」という意味もあったとか。デリカシーが欠けているわけでもなく、感性が鈍いわけでもないと自負していますが、「もしかしたら？」とあるとき納得したのです。

「私は『悩み下手』で『傷つき下手』なんだわ」とまで、考えてしまいました。そして、こうも思いました。**「こんな『下手』なら、大歓迎！」**と。

ヘアスタイルから暗さが出てしまうこともある

一言で言えば、**暗さは百害あって一利なし。**暗いほうへ引き込まれそうになったら、「いけない、いけない」と頭を大きく左右に振って、進路の舵を切ること。**「空元気」で構いません。**

気持ちの暗さは表情にも、てき面に現れます。そうなると、いい「そとづら」は台無し。人間関係にも支障をきたしてしまいます。

暗さは、内面《ないめん》とは関係なく、ヘアスタイルによっても醸《かも》し出されることがあるので要注意です。髪の毛がまゆ毛や目にかかっているような長さの人の場合、どうしても暗く見えてしまいます。顔に陰ができて、重く見えてるからです。

ですから、私は研修では必ず、おでこと耳を出すようにアドバイスしています。おでこを見せることで、表情はずいぶんと明るい印象になるからです。

要は**「明るさを友にすること」**が大切です。それを忘れてしまうと、気がついたらあなたの周りには、「悩み上手」「傷つき上手」でマイナスのエネルギーを放出する人ばかりになってしまうかもしれませんよ…。

「ゆるキャラ」になる

―「そとづら」のいい人は、ゆるく生きている

人の欠点や嫌な部分に鈍感だっていいと思う

多くの仕事は、自分一人では決してできるものではありません。私の仕事も同様です。コンサルタントであれ、講師であれ、著者であれ、さまざまな方々によって支えられています。

多くの先輩、友人のサポートがなければ、現在のようにいろいろな場所で活動することはできなかったでしょう。**私がこうしたご縁に恵まれたのには、私自身が持っている「特性」に理由があるかもしれないと最近感じます。**

その特性とは、前述の通り、他人の欠点や嫌な部分に疎いこと。悪く言えば短所に鈍感なだけかもしれませんが、私は鈍感と言われようが、まったく気になりません。

「あの人、嫌なこと言うね」
「あの態度はないと思うわ」
「あなたも怒りなさいよ」

たとえば、誰かがある共通の知人の言動について、そんな言葉を口に出しても、正直なところ「何のことかよくわからない」ということが頻繁にあるのです。

そんな私ですから、他人への批判や陰口をする知人からそれに同調するように求められると、どうしていいかわからなくなるのです。

それどころか、周りの人から見れば明らかに私自身への批判、当てつけのような言動でさえ、ほとんど気がついていないと思います。どこかで悪いように言われていることだってあるはずです。でも、それに全然気づかないのです。

また、私は見た目が優雅だと言われることもあります。でも実は、ボケーっとしていて、機敏に考えたり、反応していないだけのことが多々あります。スピードが求められる社会で、あえてゆっくり歩いたり、ゆっくり物事を考えたり、ゆっくり人との会話の時間を大切にしているわけです。

これからは「時間持ち」ということも、豊かさの概念に加わってくると思いますから、このように振る舞っています。

そのためか、**私は人と争うことがほとんどありません。**些細なこと、特に精神衛生上で「不快」なことについては、とことん「疎い」といってもいいかもしれません。

「泰然《たいぜん》自若《じじゃく》」といえばちょっと格好いいのですが、どちらかといえばそこに接したくないから、「ゆるく生きる」ことを好んできたように思います。

「正しい」より「楽しい」を選ぶ生き方を！

「子曰《いわ》く、これを知る者は、これを好むものに如《し》かず。これを好む者は、これを楽しむものに如かず」（論語）

これは「あることを理解している人は、それを好きな人にかなわない。あることを好きな人は、それを楽しんでいる人にかなわない」という意味です。

この格言に従うかのように、私は判断や選択をするときに、「これって正しいか、正しくないか」の尺度で決定するのではなく、「楽しいか、楽しくないか」で選んでいます。「よい」「悪い」の判断ではないですから、相手を真っ向から否定すること、非難することもありません。自分の気持ちをありのままに感じて、楽しいことしか選択しない、いつもハッピーなことだけに目を向けています。

ですから、相手を楽に受け入れ、認めることができます。つまり他人の長所や美点に「敏感」です。美点のみを探しています。なぜならそうしたほうが、自分自身が楽しいからです。


「あんなに機転が利く人って、ステキ！」

「あの人の使命感には、好感が持てるわ」

そんな「快」の言葉には、「不快」のときとうって変わって、私はスピーディな反応をしてしまいます。人間関係はこの「快」があるから、楽しく、ゆったりと人に接することができるのだと思います。

隙《すき》をあえて見せる

——ときには少し力を抜いて「隙をちらつかせる」のも一興

非の打ち所がないと他人と距離を作ってしまうことが

これは、日中の船上パーティーでの出来事です。そこにいたのは、男女半々くらいだったでしょうか。とても華やかな雰囲気でした。

何となく眺めていると、その日の女性たちの話題の中心になっていたのは、そのパーティーに出席していた男性Dさん。

背が高くかなりのイケメン、スーツの着こなしもよく、話し方も上品という…、もう完璧を絵に描いたような好青年です。聞けば、つい最近まで、政府関係の仕事で海外にいたそうで、英語はもちろんのこと、フランス語も堪能だとか。女性たちの目の中にハートマークが浮かんでいるのを、私は見逃しませんでした。

でも、**あまりに彼が完璧なせいか、女性たちは彼の前に行くと緊張し、満足に会話もできません。彼も、積極的に話しかけもしません。**

それでもパーティーは和気あいあいと楽しく続きました。やがてお開きとなり、まだ、時間も早いとあって、誰かが言い出しました。「二次会に行かない?」。もちろん反対する人はいません。

さて、好青年の彼はどうするのかなぁ、と誰もが気にかけていたところ、彼も友人に誘われて参加。ホッとする女性陣の顔、顔、顔…。

着いたところが、ちょっとオシャレな居酒屋さん。皆がくつろいだところで、乾杯して一口飲むと、Dさんが大きな声で一言。「イーアンベー」。みんな…、キョトーンとしてしまいます。

「フランス語ですか…?」ある女性が質問すると、照れ笑いをしながら、「これ、沖縄の方言で『気持ちいい』ってことなんです。私は沖縄出身で、酔うといつも、ついついこう言ってしまうんです…」

コンプレックスで悩むのではなく楽しむくらいの余裕が大事

頭を掻きながら言い訳するDさん。それまでのパーティーで見せていたクールな表情とは大違い。まるで、いたずらを見つけられた小学生の男の子のような表情に変わってしまいました。

これをきっかけに、皆は「イーアンベー」の合唱と笑顔で、すっかり場が盛り上がったのは言うまでもありません。あまり積極的に話さなかったAさんも、女性陣とすっかり打ち解けることができて嬉しそうです。

それまではあまりに完璧だと思われていた彼は、**端正な顔立ち、そして見事なキャリアが、女性たちに緊張感だけでなく、近寄りがたさまで出してしまっていて、無用**

な距離感を作っていたのです。

彼のぽろっと出た方言が、グッと皆の親しみやすさを増したことは言うまでもありません。完璧な姿ではなく、どこか**隙を見せるのも好印象につながりますよね。**

昔の侍のように甲冑《かっちゅう》を着ているのも素敵だけれど、それは戦いに出るときの装い。戦う必要がないときは鎧《よろい》も甲《かぶと》も着る必要はないはずです。

だらしがない格好、不潔な装いはいけません。でも、身だしなみを整えながらも、人に突っ込まれるくらいの隙を見せているほうが、男性も女性も一層魅力的になるものなのです。

「そとづら」をよくすると言うと、完璧に準備をして臨むというイメージがあるかもしれません。でも、最低限のマナーを守ることができればよしと割り切ることも大事。必要以上に自分を作り込んでしまうと、自分らしさがなくなってしまいます。

少し力を抜く部分もあっていいのです。愛嬌のある隙が生まれることだってありますから。「そとづら」をよくしないと…、と真剣に悩み込むのではなく、あくまで

「そとづら」で楽しむくらいの余裕があったほうがいいと思います。
こんな巧まざる「そとづらのよさ」で、好感度アップといきませんか？

根拠のない自信を持つ

——言い訳するよりも、自信ありげに振る舞うが勝ち

空元気なだけでも十分。
自信のある表情を作ってしまおう！

「皆様、こんにちは！」。私が講演会場で挨拶をするとき、最初に言う言葉です。元気よくご挨拶します。元気がとても大切ですよね。

そして「元気」「活気」「根気」「覇気」「熱気」など「気」のつく言葉は、自信を持って、明るく爽やかに口にするだけで、不思議と周りもそういう気持ちにさせることができます。

どうしようもないくらい落ち込んでいたり、悩みを抱えていたりしている状況や、プレッシャーに押しつぶされそうなときに、人は極限状態に気持ちを追い詰められることもあります。これは、誰だって同じです。

しかし、こういうときこそ自信のない行動や顔つきを変えていただきたいのです。伏し目がちになって、どこかおどおどとしているようではいけません。**空元気でも何でもいいですから、ピンチのときほど堂々と胸を張って、自信に満ちた表情をするとよいものです。**

自分を信じて堂々と行動するというのは、とても大事なこと。そのような姿、そして**自信に満ちた表情を見せれば、相手の信用を得ることができるようになっていきます。**

「この人なら大丈夫だろう」

そう思ってもらうことができれば十分です。

不穏な状況で必要なことは、瞬時に問題の収拾を図ることではありません。まずやるべきことは、平常心を保つこと、笑顔になれる自分がいること、いたずらに悲観的

にならないこと。それに尽きます。

「今、自分がどういう状況に置かれているか」あるいは「今、何が自分に起こっているのか」。それをもう一人の自分が見ているかのように実況中継を行う。そして自分の中に眠っている潜在能力を、いかに引き出すことができるか。

「よーし！　自分の本当の力が試されるときが来たぞーっ」と、気力を引き出してくる。それをスムーズに行うために欠かせないのが「自信」と「元気」なのです。

自信のなさをアピールすると最後は失敗することも多い

「どうしよう、どうしよう…」と騒いで混乱しているだけでは、何も解決策は見つかりません。

かくいう私も、昔はそんなタイプでした。特別なスキルや技術があったわけではありません。それがどうして、少なからず舞台を上げることができたかといえば、やはり自信。それも、空元気に近い元気を持ち、それを身体全体から出していたからだと思います。

研修や講習、コンサルティング面談の前は特にそう。気迫とでもいえばいいでしょうか。とにかく自分自身に対する自信だけは強く持つようにしていました。

ただし、気持ちの高ぶりを全面にアピールするような「自信満々」な態度ではありません。こういうスタンスでは、かえって相手に不快・不信の念を抱かせてしまいます。大切なことは、抑制の利いた「自信ありげ・頼もしげ」な表現です。

「私はあなた方に伝えたいことがあります」「私が皆さんの火をつけます」といったオーラが出されていると、受講者の皆さんは安心してくれます。そして、「この人についていけば、きっとうまくいく！」と思ってくださり、いい関係が築けるというわけです。


自信満々とは正反対な態度を、わざととる人もいます。最初に自分のウィークポイントを見せて、相手に安心感を与えるようなやり方です。それも間違いだとは言いません。

そのやり方でも、ある程度の共感から信頼を得ることはスムーズにできるかもしれません。しかし、**相手に軽んじられてしまう事態を引き起こすこともあるでしょう。**

特に、コンサルタント、講師として接する場合は、問題を解決する人、教育者という頼れる存在としての立場は怪しいものになってしまいます。

「今日初めてお話しするのでどうかな?と不安なのですが…」

「ここのところはちょっと苦手。まあ、でも、なんとか…」

といった話し方や**言い訳じみた態度では、説得力を持たせることはできないので、できるだけ控えましょう。**

声が大きくなくても、大げさな身振りができなくてもいいのです。けれども、それが当然であるかのように、「自信ありげ」な雰囲気で語りかけるのが大事。そうすることで、自分が進みたい道は開けてきます。

第3章

「そとづら力」を上げる「働きかけ」

相手を紳士・淑女であると信じ込む
―相手というのは、信じ込んだ通りの人物になってしまうもの

人は大切にされると素直になってしまうもの

何度かお会いする方もいますが、私が講演会やセミナーでお会いする方のほとんどが、初対面の方ばかりです。業種も実にさまざま。

とはいえ、基本的には毎回、おもてなしの心や自己実現、コミュニケーションやマネジメント、営業スキルについて学びたいというような目的があって集まってくださいます。つまり、私に対して求められていることは、事前にはっきりとわかっています。

一方で、ＣＡ時代は違っていました。空の上でのお客さまとは、まさに「一期一会」。幾度、同じ方と出会ったとしても、今日のこのフライトは、一生に一度の貴重な機会です。

また、百人のお客さまは百人百様。出身地、年代、職業、性格、すべて違います。お客さまが望まれることは、まさにお客さまの数だけあるということです。

これが国際線ということになれば、国籍、人種の違いも加わります。

快適なフライトをお約束するために、今も昔もＣＡがすることは多岐にわたります。**そのなかでも基本中の基本で、最も重要なのは「お客さまを大切に思うこと」。**

特に私は、常に「初対面のお客さま」と接する仕事のなかで、お客さまとお話をさせていただきながら、観察し学んでいくうちに、その方がどのような方なのかがわかるような気がしてきました。それは、肌で感じ取るとでもいうのでしょうか。

現役時代の、あるフライトでのことです。

飛行機が離陸後しばらくしたころ、団体のお客さまのお一人が大きな声で私を呼びます。

「ねえちゃん、ねえちゃん」

まぁ、あまりそのように呼ばれたことはありませんが、何事かと呼ばれたお席に行くと、少々、お酒が回ったお客さまが、こう言います。

「ねえちゃん、この漬物食べるかい？」

そもそも「そんな失礼な！」などとは、思わない性分です。それよりも、「お客さまはどんな方なんだろう？」「本当は何をしてほしいのか？」それを察することが先決です。

一緒にいる新人のキャビンアテンダントは、マニュアルにない事態でオロオロしています。周りの席のお客さまも、明らかに困惑している様子。でも私は、「ありがとうございます。それでは、いただきます！」と丁重にお礼を言いました。

本来でしたら、職務中にお客さまからいただいたものを食べることはいけない行為ですが、漬物に楊枝を刺して手渡そうとしてくださるのですから、どうなるかという周りの心配をよそに、**私はお客さまが差し出したお漬物をいただきました。**

「おいしいですねぇ。お客さまの手作りですか」

するると、お客さまは嬉しそうに答えます。

「おう、おう。そうか。わかるかい、ねえちゃん」

「もっと食べな。まだこんなにあるから、他の種類がいいかな?」

すっかり上機嫌です。ただ、もうそれ以上は長くお付き合いもできませんから、私はやんわりとお断りをいたします。

「もっとお客さまのお漬物をいただきたいのですが、仕事に戻らなければなりません。ごちそうさまでした。私も元気になりました。また御用がございましたらこちらのボタンでお知らせください。ありがとうございます…」

「ねえちゃん」の言葉はお客さまの心にしっかりと届いたようです。

「おお、わかった」

お客さまはこちらが伝えたいメッセージを受け入れてくださいました。そして**「客がCAに無理難題を言っている」という周囲の空気は、とても穏やかなものに変わりました。**

口には出ないサインこそ見落としてはならない

お客さまの中には、ちょっとわがままなリクエストをされる方もごく少数ですが、いらっしゃいます。機内食をはじめ、機内でもサービス、免税品販売などについて便宜を図ってほしいとおっしゃる方もいます。あるいは、離陸前に何かトラブルがあったのか、機嫌が悪く、理不尽なクレームをおっしゃる方などさまざまなお客さまがいました。

そのような体験のなかから、一つ言えることがあります。

「人は、自分が求めているものを相手に知らせるために、たくさんのサインを出しているものだ」と。

もちろん、無意識のうちにそうしているに違いありません。

人間の三大渇望をご存知でしょうか？　「受け入れてもらいたい」「認めてもらいたい」「特別な存在だと思ってもらいたい」です。

「話しかけてほしい」

「褒めてほしい」

「慰めてほしい」

「自分に興味を持ってほしい」

そのサインを的確に感じ取り、行動に移していくのがＣＡの大切な役割の一つです。ですから、サインを些細なこととして片づけてしまっては、ＣＡ失格です。そうならないための第一歩が**「お声がけ」**です。


「いかがなさいましたか？」

「目が合う」だけで、お客さまが何らかのメッセージを送ろうとしていることを察知しなければなりません。そして、**こちらから「お声がけ」**です。

まずお客さまのお話を最後まできちんと聞くことが大切です。生半可な理解や想像をもとに、途中で口をはさんでしまうことは厳禁です。場合によっては思わぬ方向にいってしまうことがあります。お客さまとのトラブルはえてして、そのような対応が

きっかけで生まれます。

お客さまの表情、言葉のサインから「想いを察する」こと。これが、接客、サービスに限らずすべての仕事に共通して求められるものではないでしょうか。

もちろん、お客さまは一人ではありません。対応にも限度があります。それでも、お客さまに対する敬意とお役に立ちたい、快適に過ごしていただきたいという思いさえあれば、それはお客さまには伝わります。

どんな人でも紳士や淑女に変わってしまう

「すごいですね！　こんなおいしいお漬物を食べたことありません」

これほど**過剰な言葉は必要ありません。**過剰な賞賛の言葉は、場合によっては他のお客さまには媚《こび》を売っているものとして聞こえるかもしれません。

一口食べて「おいしいですねぇ。お客さまの手作りですか」。これだけでいいのです。その心はお客さまに必ず伝わります。これでお客さまには、「しっかり受け止めてもらえた」という満足感となって伝わるのです。

大切なのは、初対面の方には、特に敬意を持って紳士・淑女として接すること。

「紳士・淑女なんて大げさな…」

そんなふうに感じてしまう方もいるかもしれません。でも**不思議なことにお客さまを紳士や淑女だと信じ、敬意を持って接すれば、本当に紳士や淑女になったかのように振る舞ってくださいます。**そこにはこんな意味が込められています。

「あなたは紳士です。本当にそんなふうに人に迷惑をかける方ではありませんよね」

こんな気持ちでいれば、相手のプライドを傷つけたり、人前で恥をかかせることもありません。すると、相手もその「心」を感じ取り、こちらの思いに応えてくれるものです。

これは接客だけに限ったことではなく、会社での上司・部下や男女の関係でも同様だと思います。**人は誰でも、期待されたように振る舞おうとするものです。**

ボディタッチはタイミングが命

――最後の締めとして1回、握手や肩を叩くことが、相手の気持ちを熱くさせる

「体に触るのは絶対に禁止」
それは果たして本当でしょうか?

何かあるごとに、体を触っていくのは論外です。そんなことをしていたら、セクハラで訴えられてしまいますよ!

でも、ここで私がお伝えしたいのは、そんな当たり前のことではありません。むしろ、**「そとづら」をよくするために、ボディタッチをうまく活用するという方法のススメ**です。

私が見る限り、体を必要以上に触る人よりも、体には何があっても絶対に触れてはいけないと、警戒心を抱いている人の方がはるかに多いように思います。特に男性側が女性にはボディタッチをしないように注意しているように思います。セクハラが原因で退社したというニュースは今でも時折見かけますから、皆さんの警戒心はよほどのものなのだろうと察しています。

確かに頻繁に体を触るのはよくないのですが、かと言って、**まったく触れてはならないとまで考えてしまうのは、どうかと思う**のです。

ボディタッチは、相手との距離をグッと縮める効果もあります。これを利用しない手はありません。

ボディタッチで相手の心がさらに熱くなる

たとえば、ビジネスシーンで、契約を結ぶことができたとしましょう。もちろん

「今後とも、よろしくお願いします」のような一言は欠かせません。ただ、軽く握手を交わすことで、その「よろしくお願いします」の気持ちは、もっと伝わるのではないでしょうか。

また、部下が責任重大な仕事を引き受けてくれたとき、大きな売上を達成してくれたときなど、心から感謝したい場面があるでしょう。そんなときは、「よろしく頼む」「よくがんばった」「ありがとう！」といった言葉をかけたくなりますよね。こんなときも、肩をポンと叩きながら言えば、部下にもその想いがさらに伝わるはずです。

どちらのシーンでも共通するのが、**ベタベタ触らないこと。それと、感謝の気持ちを言葉と共に伝えて、最後に1回だけボディタッチすること。この程度でしたら、いやらしさなど微塵《みじん》も感じません。**また、相手の心を熱くさせることもできます。

もちろん、ボディタッチがなければ成功しないわけではありませんし、「そとづら」がよくならないわけではありません。

でも、**ここぞというタイミングですると、相手の心を高ぶらせ、自分の気持ちも伝**

える手助けになるという効果があり、よい印象を残すことができます。こう考えますと、ボディタッチをうまく取り入れることで、「そとづら」をさらによくすることができるのです。

要は、ボディタッチにもいいものと悪いものがあり、**いいボディタッチはタイミングがカギを握る**ということです。

相手が見えなくなるまで見送る

――「心に残る人」がいつも欠かさず行っていること

お別れは挨拶した後こそ肝心

お誘いを受けて、一週間後に行うある企業でのセミナーの簡単な打ち合わせをするために、素敵な日本料理店に出かけました。この会社には何度か伺っているものの、ご担当が変わったばかりで、挨拶を兼ねてというものでした。役職に就かれた男性と、その部下の女性、どちらも大変感じのよい方で、楽しく実のあるお話とおいしいお食事を頂戴し、こちらのほうが恐縮することしきり。

お食事も終わり、そろそろ帰る時間になって外に出ると、あらかじめ呼んでおいてくださったタクシーが待っています。この日のお誘いのお礼を丁寧に述べてから、私はタクシーに乗り込んで行き先を告げました。ちょっと窓を開け、お二人に会釈をしたところでタクシーは走り出します。

打ち合わせが無事に終わって、「素敵な時間だったわ…」と思いながら、シートでホッとしています。と、そのとき、「もしかしたら」と振り返ると、**今お別れしてきたばかりの場所にお二人がまだ立っていらっしゃる。**走り去るタクシーの中の私に深々と頭を下げているのです。**「まあ!?」と思い、心が温かくなりました。**

打ち合わせが終わり、私を見送ってひと安心したはずのお二人。そのまま、帰ることもできたでしょうし、それは全然失礼にあたることではありません。でも、そうせず、タクシーが視界から消えるまで頭を下げたままでした。

相手の存在に感謝すれば相手を尊重する心も芽生える

私は、タクシーの中である言葉を思い出していました。それは「残心」。「残心」とは、もともとは日本の武道、芸事に使われる言葉です。一つの動作を終えた後でも、その緊張感をすぐに解かずに心に残していなければならない。そんな意味です。「残身」「残芯」と書くこともあるようです。

物事を進めていけば、それが終わって心を緩めたりくつろぎたくなることもあるでしょう。でも、**物事の終止符の打ち方にちょっとした「名残惜しさ」を働かせることが、いい「そとづら」には欠かせない要素**です。

「終わったからといってすぐに忘れてしまうのではなく、心を残しながらゆっくり余韻を楽しむようにする。それが「残心」という言葉の意味です。

たとえば日常的なシーンで、よくこんなことがあります。

駅のホームで人と別れるときに、そんなに親しい間柄の人ではないけれど、その人の乗った電車が走り去るとき、私なら軽く手を振ります。あるいは、電車が見えなくなるまで見送ることも。

逆にそうされたときのことを考えてみてください。心がホッと温かくなりますよね。

また、職人さんの世界では、仕事が終わった後に「さあ、終わった」とすぐに帰ろうとすると棟梁や親方から叱られるそうです。道具をきちんと片づける、明日の仕事に備えて手入れをすることも職人としての仕事の「流れ」と位置づけられているからです。

そのことを忘れると、師匠から「残心をわかっていないヤツだ」という言葉で躾《しつけ》られるのだそうです。

「何にても 置き付けかへる 手離れは 恋しき人に わかるると知れ」

千利休が残した歌です。この歌にあるように、お茶の世界では、茶道具を置くときに、ぞんざいに手離れをするのではなく、恋しい人と別れるときのように余韻を持たせなさいと教えています。

最後に残心があるだけで「そとづら」はもっとよくなる

ＣＡ時代、その「残心」がいかに大切かを知らされるシーンがありました。私の同僚がお客さまからご指摘を受けた出来事です。

フライト中、お客さまからのパスコール（呼び出し音）で呼ばれて座席に伺うと、「コーヒーをください」と頼まれました。お客さまの目を見て、ニコッと笑顔で「かしこまりました。コーヒーでございますね。只今、お持ち致します」そう言って、ギャレー（機内の台所）に向かったのですが、本人に余裕がなかったのか、一瞬はニコッとしたものの、振り向きざまに「素の真顔」に変わっていたのです。

後ろ向きならともかく、斜めの状態で、にこやかな表情から、「素」の表情に変わるタイミングが一瞬早かったのでした。その「素」の表情が客席から見て取れたのです。一瞬の油断がそうさせたのでしょう。もしかしたら、それを見たお客さまは、「見たくないものを見た」と感じたかもしれません。コーヒーをお持ちすると、「よい笑顔なんだから、目も笑おうね！」と言われました。

もし、そのとき**彼女の中にお客さまに対する「残心」という意識があったなら、自然に「素」に戻るタイミングで接することができたでしょう。**

また、これは、ある有名な劇場の支配人の方のお話です。

「Eさんが大女優で、今もなおずっと公演で満席続きなのにはわけがあるんです」

演技力？　美しさ？　実は、そうではないのです。

「Eさんはね、フィナーレ、カーテンコールの後が超一流なんです。お客さまに丁寧に頭を下げてご挨拶して、幕が下りますよね。そのとき、**幕が下りても決して頭を上げることはしないいんです。**拍手が鳴りやむまでずーっとそのままなんですよ」

自分はお客さまがいらしてこそ女優でいられることを知っている、**お客さまへの感謝の気持ちを決して忘れない、だからこそその振る舞いなのだそうです。**

どんなにいいお芝居をしても、幕が下がりきらないうちに袖に歩き始めるのを観客が見たら、夢見心地にいるお客さまの感動も醒《さ》めてしまうかもしれません。文字通りの「興醒め」です。これも「残心」の大切さを物語るエピソードですね。

いい「そとづら」には、出だしでは明るい表情や気の利いた第一声が必要ですが、終わりに「残心」を添えることが大事なのも覚えておきましょう。

それが「人の心に残る人」になれる絶対条件ではないでしょうか。

主役になったときこそ、ホスト役に回る

——周りがすべきことを、率先して引き受けよう

主役の最もすべきは周囲を観察すること

今になって恥ずかしく感じることがあります。それは、初めて本を出版したときのことです。

昔からの友人、出版社の方々や会社の同期、仲間をお招きして出版記念のパーティーを開きました。多くの方が出席してくださいました。本の出版は長年の夢でしたから、最高の喜びを感じていました。

しかし、振り返ると、お恥ずかしいのですが、私自身も正直、ちょっと舞い上がっていた部分がありました。

そのときの私は「破顔一笑《はがんいっしょう》」どころか、満面の笑み。思いっきり、幸せな顔をしていたのだと思います。憧れの出版記念パーティーの主役になれたことで、それだけで、自分が何となく成功者になったような気になっていました。パーティー前には女性誌の取材もあり、少々浮かれてしまっていたのです。

主催者であるにもかかわらず、華やかな着物を着て、髪もばっちりセットして、最高の笑みを浮かべていたのです。

皆さんを心から歓迎し、お楽しみいただきたい想いは強くても、嬉しさのあまり自分がまずは楽しんでしまい、主催者であることが二の次になっていたのかもしれません。

ですから、**自分の振る舞いや言動が周りの皆さんにどんな印象を与えているかなどは、考えもしなかった**のだと思います。周りの方々への気配りも欠けていて、おそらく自分のことで精一杯だったのでしょう。

そんな私の様子を冷静に見ていた友人がいました。そして私のスピーチの前に忠告してくれたのです。

「自分の喜びを表す前に、まず、来ていただいた方に感謝を前面に出すスピーチをしたほうがいいよ。今のあなたがあるのは、ここにいる皆さんのお蔭では？」

私は、あくまでも招いた側の人間。ホスト側として振る舞わなければなりませんでした。しかし、幸せ気分満載で、そんなことを考える余裕はまったくありませんでした。

今でしたら心を落ち着かせて、「皆さんはどう思っているのだろう？　楽しんでいただけているだろうか？」と、周りの雰囲気や状況に気配りをすることができると思います。でも当時はそれができなかったことに、今になってもとても恥ずかしく赤面してしまいます。自分が一番に目立ってしまい、**周りの、特に同性のお客さまに対する配慮や優しさが欠如していた**のです。

自分の出版記念パーティーなのだから、嬉しさを前面に出してもいいという考えをされる方もいるでしょうし、出席していただいたすべての方の気持ちや考えを汲んで行動するのは、無理だという意見もあるかもしれません。

ただ、もう少し、自分の気持ちに余裕が持てればよかったと思うのが本音です。**こういう場面では、自分は一歩引いて、周りを立てるくらいのスタンスでいることがうまくいくポイントと言えます。**

自分をよく思う人ばかりとは限らない

一歩引いて周りを立てる。

これができない人が、実は結構多いのです。**自分から輪の中心に入るような主張をする人が、多く見受けられます。でも、そのようなことをする必要はありませんし、しないほうがいい**のです。

なぜなら、前述の私のエピソードでの出来事は、私の出版を記念したパーティーなのですから。自分で目立たなくても、進行は常に自分を中心に考えられていて、それをもとに動くわけです。司会の方も、来賓のお客さまも、祝辞もそうですが、すべてが主役である私のことを盛り立ててくれるために存在しているわけです。

自分が主役になると、周りのヨイショにそのまま乗って流されてしまいやすくなります。でも、こうなってしまっては、「そとづら」をよくすることはできません。「あの人は天狗になっている」「自分だけで偉くなったと勘違いして、周りを見下している」と思われても無理はないでしょう。

ただでさえ、他人の成功を面白く思わない人がいる可能性がありますから、注意が必要です。

人は「自分はすごいし、認められたい」と思っています。**人の「自己重要感」を大切にしましょう。**

ですから、こういうときには、**本来なら自分を輝かせるために使う労力を、逆に出席していただいた友人や知人、出版するために尽力していただいた方への気配り・心**

配りに使うことこそが賢明だと言えます。相手がやるべきことを主賓である自分が率先してやったとなれば、逆にそれだけで評価は自然に上がります。「実るほど頭《こうべ》を垂れる稲穂かな」です。**周りが自分を祭り上げてくれるときに、「自己顕示欲」は無用**なのです。

ただし、これがプレゼンテーションの場や、就職試験の面接などでは別。自分を積極的に売りださなければならない場ですから。

自己顕示は時や場合に合わせて、うまく使い分けることが大切です。

軽く微笑んで「ん」と言う感じ

——接し方がわからない場合は、軽い会釈がよい

不機嫌そうに見える人も一言声をかければ表情が和らぐ

コンサート会場で、あるいは新幹線の中で、見ず知らずの人と隣り合わせる。そんなとき、ちょっぴり迷ってしまうことはありませんか？「黙ってそのまま座ってしまおうか。それとも話しかけてみようか」と…。

こちらから話しかけて、ヘンな誤解を与えても嫌だし、迷惑そうにされてもその後の時間が辛い。なら、知らんぷりしておくのが無難かな？

それなのに、思わず目が合ってしまって、一瞬流れる気まずい空気。どうしようか

なぁ…。

そんなときこそ、あなたの好印象「そとづら」のよさを活かす絶好の機会と考えましょう。

たとえば、**隣の席に座るときに静かな声で何気なく「失礼します」と一声かけてみてはどうでしょうか。その一言で気まずい空気は消え、一瞬にして和みます。**私なら「ご一緒させていただきます」と言うかもしれません。

もちろん、誰にでも声をかけていいというわけにはいかないでしょう。その方が、酔っぱらっていたり、ちょっと気難しそうだったり、露骨にこちらに興味ありげの態度だったり、あるいは無視している様子だったり。いろいろなシチュエーションが考えられます。

お声をかけることで逆にたくさん話しかけられたりして、その先の時間が苦痛になりそうだと思う人は、軽々とお声をかけることはしないほうがいいかもしれません。

でも、偶然の出会いも、長い人生のなかでは神さまが用意してくれたひとつのご縁なのかもしれません。

それなら、楽しい時間とまではいえなくとも、ピリピリした雰囲気ではなく過ごせるほうがいいでしょう。あらぬ誤解を与えるのは嫌ですが、**「こちらはあなたに敵意や嫌悪感を持っていません」という意思表示をしておくだけでいい**のです。

電柱にも挨拶すると言われる舞妓さんに学ぶ

見ず知らずの人に、なかなか声をかけられないという人もいます。でも、それはそれで、無理しなくても大丈夫です。声がかけられなくても、誰でもできることがあります。それは、軽い会釈。

「ありがとう」の一言が相手の方に与える好印象は、これまでにもお話ししてきたことですが、この**「ありがとう」と同じくらいに大切なのが、会釈**なのです。

そのときの仕草にちょっと工夫をしてみましょう。**ちょっと首をかしげ、口角を上**

げながら口元に微笑みをたたえながら「ん」と言ってみる感じです。

エレベーターのなかや、同じ会社の廊下ですれ違ったり、飛行機の中で隣の席の方と目が合ったりしたとき、

電車や飛行機の中で後ろの方に座席の背もたれを下げるときなど、「失礼します」のお声がけができなくても「ん」の仕草ひとつで、あなたの「そとづら」はぐっと引き立つはずです。相手の心を一瞬で「融解」させる魔法の仕草となります。

京都に出かけたときのこと。お知り合いに連れられ舞妓さんのいるお座敷へ。

「今日は、おおきに」

皆さん、とてもご挨拶がお上手なので、ちょっと聞いてみました。

「皆さんは、どうしてそんなに素敵にご挨拶をなさるんですか？」

すると、一人の舞妓さんが、口元に手を当てて笑いながらいいます。

「私たちは、舞妓になったときからこう教えられています。『道で見たことのある顔に会うたら、まず挨拶しなさい。挨拶を忘れたらあきまへんえ』と。何しろ『**舞妓は電柱にも挨拶をする』と言われるくらい、祇園を歩いている舞妓は、よう挨拶をする**

んです」

いかに人と人とのお付き合いを大切にしているかがわかります。

いつもお会いする人だけでなく、**初めてお会いする人、たとえ見ず知らずの人に対しても、会釈ひとつで人間関係がよりよくなる**ということです。

ワンクッション置いてから注意する

——深く長く付き合う相手にも通用する「そとづら力」とは？

間違いの指摘で大恥をかかすことがある

初めて会ったときでも、その人の言動や所作にミスを見つけたり、違和感を覚えてしまうことは誰にでもあることでしょう。ちょっとしたミス・違和感ならばいいのですが、「おかしい」「見逃せない」と感じることもありますよね。

「悪い面を見逃す能力」にかけては人一倍自信を持っている私（!?）でさえ、稀にそんなことを感じてしまうこともあります。

それが仕事、プライベートを問わず、たった一度や二度しか会うことのない人ならば、それはそれで仕方がないと諦めます。しかし、**相手が仕事で常に顔を合わせなければならない人となると、少し対応策を考えなければなりません。**

先日、社内で行われたあるお祝いの席でのことです。スピーチをしている人が「ご祝儀」を「ごしゅうぎ」ではなく、「おしゅくぎ」と何度か言いました。スピーチ中であるにもかかわらず、ある男性が大きな声で「ごしゅうぎでしょう!!」と指摘したのです。おめでたい席で気持ちよく話している人に向かって大声で。

他にも読み方が間違っている？と思った人もいたと思うのですが、あえて指摘しようとしませんでした。

教えてあげるなら、後からさり気なく、「ごしゅうぎ」とその言葉を何気なく、声に出して相手に聞かせてあげればいいのです。

間違っているからといって、**人の誤りに対して安易に恥をかかせるような非難をしないのは当然の配慮です。**

ワンクッション置いてから優しく指摘しましょう

社内研修でのこと。受講生のお一人が、研修終了後に、

「先生、勉強不足で大変申し訳ないのですが、辞書を引いても出ていなかったので、お伺いしたいのですがよろしいでしょうか？」と、申し訳なさそうに声をかけてきました。

「どうぞ、なんでも聞いてくださいね」、私はそう答えました。

「先ほど、三枝先生が配られた資料に『エレルギー』とありますが、そのような言葉があるのでしょうか？」

「あらら、失礼しました。『エネルギー』の間違いです」。実は、不覚にも私がミスをしてしまい、誤字を見つけられなかったのです。

「ありがとう、助かったわ」と感謝するとともに、相手に恥をかかせない大変スマートな指摘に感心したことがありました。

「瞬間的に迫らない」

これが大切ですね。

大切なのは「一呼吸」と「ワンクッション」です。

「これに関連して先ほど〇〇さまから、ご意見がありました。確かにそのようなお考えも素晴らしいと思います…」

こう前置きしたうえで、自分の意見を述べます。

いずれにしても、「おかしい」という疑問点、「見逃せない」という改良点は、気づいた瞬間に指摘するのが必ずしも賢いやり方とは限りません。

仕事やプライベートのシーンにおいて「他人事」として流してしまうことができないような場合は、相手に対するいい「そとづら」でいながら、伝えたいことを伝えるための方法も、さまざまなバリエーションとして持っておくとよいでしょう。

「おかしい」「見逃せない」と感じたとき、単に**見て見ぬふりをすることが、いい「そとづら」ではなく、それがただの無責任、単なる不誠実な対応になってしまうこともあります。**

そんなときは、**「一呼吸」と「ワンクッション」をとってから相対《あいたい》**しましょう。相手を傷つけたり、恥をかかせたり、苛《いら》立たせたりすることなく、メッセージを伝えられるはずです。

これもまた間違いなく、いい「そとづら」作りですよね。

第4章

「そとづら」をよくすれば「自己」が磨かれる

ステキな人と出会える

―いい「そとづら」の人は、**必要**なときに**必要**な**人**に**巡り会える**

「そとづら」に自分らしさを加えるとストレスフリーになる

いよいよ最終章です。この第4章では、「そとづら」をよくすることで、人付き合いがうまくなり、その結果としてチャンスに恵まれるだけでなく、**他にもいいことが起きるというお話をします。性格が明るくなる、自分磨きをする習慣がつく、夢が叶うなどなど、いいこと尽くめです。**

また第4章にはもう一つ、重要なテーマがあります。それは、**「そとづら」を自分**

らしく作っていくということ。というのも、第4章では、「そとづら」を整えると同時に、自分の内面まで変えていく話が中心になるからです。

自分らしく作るメリットは大きく二つあります。一つはストレスフリーでできること。もう一つは、自分ならではのよい「そとづら」が身につくことです。

自己実現していくためには、自分を知らなくてはなりません。ただ単に「そとづら」をよくしようと思ったとしても、自分「らしく」ないことや、自分が望んでいないことをやっていては、ストレスになるだけです。

「自分って何者?」と自分の内面と向き合うことで、「何がしたいのか?」「何がしたくないのか?」「何が得意なのか?」「何がコンプレックスなのか?」が徐々に見えてきます。**この自己分析がしっかりとできていれば、自分に無理を課さないようになりますから、力まずに「そとづら力」アップができるようになる**わけです。

自己分析では、今までの人生で「思いがけず褒められたこと」「自分では普通のことなのにとても喜んでもらったこと」を、なるべくたくさん思い返してみましょう。

そこに自分の「そとづら」の得意技が隠されているかもしれないからです。

第3章まででお話ししたのは、あくまで「そとづら」のよい基本動作の習慣を身につける方法。これらをまずは踏まえたうえで、自分の得意なこと、自分の好むことといった自分らしさを「そとづら」に加えて強化していけば、イキイキと楽しみながら幸せをつかむことができるはずです。

そんなことも意識しながら、この第4章を読み進めてみてください。

「そとづら」をよくすれば人付き合いの舞台が変わる

それから、何度も申し上げてきましたが、「そとづら」のいい人はいつも穏やかな表情で「そうですね」「イエス」といった肯定的な言葉をまず口にすることを心がけています。

ですから、人付き合いにおいても他人のいい面を見つけるくせが身についています。

また、見つけるだけでなく、それを素早くメッセージ化して、相手を喜ばせることが習慣になっています。そして、他人が喜ぶことを、自分の喜びにできる人なのです。

すると、「そとづら」のいい人の周りには、知らず知らずのうちにたくさんの明るく素敵な人が集まってきます。順序立てて整理してみましょう。

・外見、物腰が反感や敵意を覚えさせない（とっつきやすい）
　←
・言葉を交わしてみたいと思ってもらえる
　←
・言葉を交わすことで、もっと仲よくなりたいと思わせる
　←
・仲よくなってよかったと思わせる言動や立ち居振る舞いも実践できている
　←
・明るい雰囲気の人が集まってくる
　←
・お互いに自分磨きができる

これが、いい「そとづら」を生み出す好循環だと思います。

当たり前のことですが、人間関係の始まりは見知らぬ者同士です。それぞれの存在を小さな輪にたとえれば、はじめは一つひとつの輪が誰とも接点を持たずに漂っています。でも、何かの拍子に二つの輪が触れ合えば、少しの部分で重なります。すると、また一つ別の輪が同じように少しの部分で重なってきます。そしてまた、もう一つの輪が触れ合うと…、その積み重ねだと思うのです。

それぞれが重なっている部分を尊重し合い、強いつながりにしていくのが、調和されたよい人間関係です。

さらに、重なっているところ以外の面でも、相手を応援してあげる。今あなたを応援してくれる人はどれだけいますか？　人から応援されるというのはとても力になりますし、励みになり、幸せな気持ちになれますよね。

いい「そとづら」を持つ人間関係とは、そういうものだと私は思います。

どんな短所も長所に置き換えられる
―いい面だけを見ることができて、人付き合いが楽しくなる

いい面と悪い面はどんなときも共存する

「担任の先生の言葉がとても嬉しかったんです」

あるパーティーでお会いしたグラフィックデザイナーの方が、こう切り出してから、興味深いお話をされていました。現在は60歳の方ですが、このエピソードは、その方が小学校二年生の図工の授業のときのことだそうです。

「自分の一番好きなものを描いていいよ」

そう言われた彼は、自分の一番大好きな飛行機の絵を描き始めました。ところが、出来上がった絵は機体の半分しか描かれていません。「一番好きなもの」という言葉に張りきりすぎたせいか、あまりに大きく描きすぎて画用紙に入りきらなかったのです。

「デカすぎだよ。アハハハ」

それを見たクラスメートはみんな大笑い。恥ずかしくなった彼は意気消沈して、うなだれていました。

でも担任の先生は、楽しそうに笑いながらこう言ってくれたのだそうです。

「おお、元気があっていいね！　飛行機はでっかいからな。一枚じゃ入りきらなかったか。じゃあ、もう一枚画用紙をあげるからくっつけて全部描いちゃって。こういう迫力のある絵、先生は大好きだな」

それ以来、彼は、その先生のことはもちろん、絵を描くことも大好きになり、気がつくとグラフィックデザイナーになることを志していたのだそうです。

素敵な話だと思いませんか？

「だめじゃないか！　画用紙一枚におさまるように、描きなおしなさい」
もし、その先生がそう叱りつけていたら、彼はグラフィックデザイナーを目指すことはなかったのではないでしょうか。

ここで私がお伝えしたいのは、**物事には必ず「いい面」と「悪い面」がある**ということです。

- **元気のある大きな絵↓いい面**
- **画用紙からはみ出したこと↓悪い面**

先ほどのエピソードを例に挙げれば、こういうことになるかもしれません。

「そとづら」をよくすれば長所を見つけるのもうまくなる

そして、もう一つ言えることがあります。三枚流に言わせていただくと、この担任の先生は間違いなく、「そとづら」のいい人であるということです。

「そとづら」のいい人は、いろいろなシーンで物事の「いい面を見つける能力」を自然に身につけていますし、「悪い面を見逃してしまう能力」も身につけていると言えます。

・無口な人↓物静かな人
・冷たそうな人↓感情的にならない人
・口数が多くてうるさい人↓場を盛り上げるムードメーカー
・優柔不断な人↓思慮深い人
・軽率な人↓スピーディな行動派
・融通が利かない人↓信念のある人

他人の悪い面ばかりを見るよりは、いい面に光を当てて見つめていたほうが、付き合いは楽しいに決まっています。

逆に悪い面ばかりを見ていれば、知らず知らずのうちにその部分だけに焦点を合わせて見るくせがつくことになりかねません。そんな付き合いが楽しいはずもありませんよね。

「君子は人の美を成す」（論語）
「立派な徳のある人は、人の美点・長所を探し、それを成就させる」という意味です。
「いい面を見つける能力」と「悪い面を見逃してしまう能力」を磨くこと。それが、いい「そとづら」を磨くことにもつながります。

悪い面に鈍感であることが穏やかな表情を作ってくれる

「いい面を見つける能力」と「悪い面を見逃してしまう能力」に長けていれば、対人関係ばかりか、仕事やプライベートにおいての難しいシーンでも、うまくそれを乗り越えることができると私は考えています。
たとえば、こんな具合です。

・忙しくて遊べない↓仕事があることは幸せ
・上司の注文が厳しい↓期待されている
・失恋した↓もっといい人に出会う可能性が広がった
・お店で嫌な対応をされた↓こうすると人から嫌われるというのを知ることができた

他人に対しても同様ですが、悪い面ばかりを見つめて、怒ったり、不満を漏らしたり、後悔したりしていても、何も解決しません。もちろん、冷静に事実を把握することは大切なことですが、事実の悪い面に焦点を合わせることにばかり時間を費やして、必要以上に思い悩む必要はありません。つまらないことに目くじらを立てるのはやめましょう。

人間や状況の悪い面に鈍感な「能天気」な人は、いつも穏やかで人なつっこい表情をしています。これこそが、いい「そとづら」の基本です。
楽しい一瞬の連続が、楽しい人生を創造します。

夢が叶う
―「夢の実現」のとっておきの方法「なりきる力」を身につけてみませんか

「なりたい」ではなく「なりました」と決めつける

「○○になりたい！」という夢を持つとしましょう。すると、「夢を実現するために必要なことは、何だろうか？」と考え、その方法を見つけて実行していくことになります。

とはいっても、夢の実現は簡単ではないことが多いのが常。どんなことでも、勉強とか、トレーニングとか、努力や忍耐を強いられます。努力してがんばっても、なかなか進歩が見えてこないのでは？

夢の実現が感じられないこともあるでしょう。「もしかして向いていないのかもしれない」「私には、才能がないのかもしれない」と辛くなってしまうこともあります。人によっては、夢の実現にうまく近づけないのは、家庭環境や会社など自分以外の要素のせいにしてしまうかもしれません。

一方で私の場合は、これまで生きてきて「あんなふうになりたい」という夢をかなり実現してきたと自負しています。

でも私は、どんな試練にも耐えられるほど根性が据《す》わっているわけではないですし、環境に恵まれていたわけではありません。

その**原動力になったのが、あれこれ考えずに「なりきる力」。なってしまった状態の「そとづら」を作ることが、とても大事になってくる**のです。

そこで私は、こう考えることにしました。

「夢が実現することは120%決まっている」

そして、夢が実現した姿をはっきりと頭の中にイメージしながら、こう語りかけていたのです。

「私は今、◎◎になりました。ありがとうございます」

何度も何度もその言葉を口に出していたのです。**「◎◎になりたい」「◎◎になれますように」ではありません。「◎◎になりました」です。**

なりきることができれば夢の達成も苦痛ではなくなる

これまで、私が自己実現してきたプロセスは、いつも「◎◎になりました」という言葉がありました。

人によっては、夢はいろいろでしょう。「幸せになりたい」という漠然としたものから、女性なら結婚と一口に言っても、「幸せな結婚がしたい」というものもあれば、「Fさんと結婚したい」と特定の男性の場合もあるかもしれません。あるいは就職について、「G株式会社から内定をもらいたい」とか…。

そんな夢があるとしたら、「〜したい」で済まさないようにしましょう。

「幸せな結婚をしました」「Fさんと結婚しました」「G株式会社から内定をもらいました」と明確にイメージするのです。そして心から「ありがとうございました」と感謝の言葉を口にする。この感謝の気持ちを忘れないこと。「なりました」の自分からは、感謝の言葉しか見つからないはずです。

夢が実現した自分になりきる時間を頻繁に持つことが大切なのです。

でも、現実には夢は叶ってはいないわけで、「自分がなりたい自分」と現実の自分とのギャップを強く感じているはずです。そうすると、**そのギャップを埋めるために何が必要か、一歩ずつでも実現に近づくためにはどうすればいいか、どうしなければならないかが見えてきます。**

しかし、そこで力むことなく「なりきる力」を発揮して、あとは「自然に任せる」のです。すると驚くかもしれませんが、夢に向かって自分が「勝手に修正」されるのです。

こう考えると、不思議なことにそれまで努力や忍耐を強いられると思っていたこと

が、まったく違う心地よさに感じられるのです。夢が実現してしまった時代からタイムマシーンに乗って過去に戻り、夢の実現の途中の時間をもう一度やり直しているような気持ちにもなります。

人によっては「自己暗示」というかもしれません。でも、私にとってはちょっと違います。「なりきる力」としか言いようのないパワーなのです。

私はそうやって夢を実現させてきました。夢を実現した喜びを何度となく体験してきたのです。

また、夢が実現できたときは、手を貸してくれた周りの方々に感謝、そして夢に向かって動き続けてくれた自分に感謝しました。

感謝も大切な要素です。そもそも、周囲からの協力があってこその成功なので、感謝をする謙虚さは必ず持ってほしいものです。周囲への感謝を欠かさなければ、応援してくれた人がこれからも応援してくれて、夢がもっと叶います。

そして、自分自身への感謝も偉大な力があります。自分が好きになり、自分を信頼できて幸せになっていることを実感できます。また、自信がついて、さらに様々なことにチャレンジしたくなります。

「そとづら」作りというのは、相手に気に入られるための「そとづら」だけでなく、夢を達成するための「そとづら」を生み出す際にも、役に立つわけです。

いつでも自分磨きができる

―他人を磨くことで、自分は磨かれる

出会いは自分磨きができる絶好のチャンス

「先生は自分磨きが大切だとおっしゃいます。では自分磨きとは、どうやってするものなのでしょうか？」

セミナーで20代前半の参加者の方からそんな質問をいただきました。

「自分に厳しくなるだけでは、実は自分は磨けません。**他人を磨くことでしか、自分は磨かれないと思っています。**若いうちは、できるだけ多くの出会いを経験したほうがいいですね。どうしたらもっと他の人を喜ばせられるか、身近な人を喜ばせること

ができるか…。常に人を喜ばすことを考えましょう。**他人を幸せにすることを実践していれば、自分はおのずと磨かれていくはずです**」

私はそう答えました。

そして言葉を続けました。

「『一期一会』を大切にしましょう」

「一期一会」はちょっとした日常会話でも使われる言葉ですが、もともとは茶道の世界で生まれた言葉。「この出会いの時間は、一生に一度だけのものです。だから、この一時を大切にして、今できる最高のおもてなしをしよう」という教えです。

まず特徴的なことは、おもてなしのためにお茶を点《た》てて差し上げるとき、お客さまを想い、万全の準備をして臨みます。わざとらしい、作為的なことではなくて、あくまでも自然に。

元来、茶道は、お客さまに心を込めた一碗をおいしく飲んでいただくことを目的としています。ただし、まだ現れぬお客さまに対して、あれやこれやと想像して相手を喜ばせるための準備を整えていくのも大事なことなのです。「あの方は今、どのような心境だろうか？」「心が落ち着く掛け軸は？」「あの方好みの季節の花は？」「嗜好品は？」といったように。

いい「そとづら」にもこの「一期一会」の精神は欠かせません。**会う前の人への思いやりが欠かせません。**まだ現れぬこれからの人生に対する準備をワクワクして行いましょう。

人との出会いとは、自分磨きの機会の場が一つ増えたことです。好機を逃すのはもったいないですね。

気難しい人こそ喜ばせてみよう

いい「そとづら」は、相手に警戒心を与えません。それは、その人自身の心の中がおもてなしの精神にあふれていて、相手に対する嫌悪、疑念、批判、反発、挑発、攻撃などがないからです。

今風に言えば「オープンマインド」、初対面の人を誰でも偏見なく受け入れることができるからです。


「でも、相手が自分のおもてなしの心をわかってくれなかったら」

「逆に感じの悪い対応をされたら…」

そんな不安を持たれる方もいるかもしれません。

確かに、世知辛い世の中ですし、人は十人十色。「そとづら」のいい人ばかりとは限りません。でも。気に留める必要はありません。そんなときこそ、前にも述べた「そとづら」のいい人の必須アイテムが役に立ちます。

そうです、**「傷つき下手」「悩み下手」の能力を存分に発揮すればいい**のです。

その人を恨んだり、批判したりする必要もありません。


ここで、私がチャレンジしたエピソードをお話ししましょう。

以前、近所のお蕎麦屋《そばや》さんで、仏頂面で接客態度がとても悪いと評判の店主がいました。いつも空いていて早く食事ができるので、時間がないときはやむなく、そのお蕎麦屋さんで食事をすることもありました。

何度か続けて私が行っても、その店主はいつも仏頂面。メニューをポンと机に置くだけ。注文もこちらから「すみません」と呼ばないといつまでたっても取りに来ない。蕎麦湯も乱暴にテーブルにこぼしながら置いていく。帰るときには「ありがとうございました」もない…。そんなお蕎麦屋さんでした。

そこで私はやってみました。そのお蕎麦屋さんに行くと、店主に聞こえるように、「あー、このお蕎麦、歯ごたえがあっておいしい」と声にして、笑顔でおいしそうに食べていました。すると、しばらくして変化が出てきました。

その店主の表情や接客、お蕎麦の味までも変わってきたのです。「ありがとうございました！」と笑顔で言ってくれるようにもなりました。最近ではあの空いていたお蕎麦屋さんが混むようになってきて、少々時間がかかるようになってきたので、私だけにしているのではないということがよくわかります。

「あらゆるものを磨き草にしなさい」

私が敬愛してやまない方の言葉です。

「磨き草」はちょっと聞きなれない言葉かもしれませんが、「自分磨きのために役立つもの」と理解していただければと思います。磨き草の本来の意味も一応ご説明しますと、「土で汚れた農具などを洗ったり磨いたりするのに農民が使った、近くに生えている雑草やワラ」のことです。

先ほどの言葉は、「傷つける人も悩ます人も、自分磨きに役立ってくれる」ということを言っています。

ただ私は、「自分も磨き草にして、他人を磨きなさい」ということでもあると解釈しています。「自分の行動次第で、相手も変えることができる。さて、どう楽しみながら、実行に移そうかな?」と。

さまざまな出会いの中で、「磨き草」の力で輝いていく自分を愛でてあげればいいと私は思います。**「人間は、他人に喜んでもらうと嬉しいと思う優しい生き物」**。そう考えるようにしましょう。

みんなが楽しくなる世界を生み出せる

―まずは、「陰徳」より「陽徳」を

誰もが感じられる明るい空気は「そとづら」をよくすることで誕生する

人は善きことを行うことによって、自分ばかりでなく他人をも幸せにすることができます。その善きことでも、人に知られないように密かにする善行を「陰徳」、それとは逆に周囲にわかるように行う善行を「陽徳」と呼びます。

世の中では、人知れず行う「陰徳」は尊く、大変素晴らしいと言われています。私自身も陰徳はとても大切で、これからも実践したいと思っています。

でも、人の目に触れる、**皆が見ることができる「陽徳」を実行することこそが、明**

るさを求めている現代では必要なのではないかと思います。

重い荷物を持っている人を見かけたら、笑顔で「よかったらお持ちしましょうか？」と言って、若者が荷物を運ぶ光景を想像してみてください。その若者は渋々持つのではなくて、笑顔でお手伝いしています。その姿を目にした人はどう思うでしょうか？

持ってもらった人、本人だけでなく、そこに居合わせた人たち全員がその光景を見て、温かい気持ちになり、ほのぼのとした幸せな清々しい気持ちになるのではないでしょうか。善き影響を受け、「今度は自分が…」と思う人も出てくるでしょう。これが「陽徳」です。

人に明るい光を与えることにより、与えている自分自身が喜びを感じるだけでなく、周りや世界を明るくしていくことができるのです。

ろうそくの灯は、分け与えても決して減ることはありません。逆に分け与えることでどんどん明るくなります。

私は、「そとづら」をよくすることが「善行」に通じると確信しています。

自分の才能や知識をひけらかす、相手に見返りを求めるがために愛嬌《あいきょう》を振りまくことが「そとづら」をよくすることではありません。**「あら探し」ではなく「愛探し」**をし、相手に思いやりを持って、相手を慮《おもんぱか》った行動をすることが「そとづら」をよくすることだと思います。

毎日、「そとづら」をよくすることで、自分だけでなく、そこに居合わせる皆が、そして周囲がきっと幸せになれると信じています。

役になりきると素の自分まで変わってくる

人間というのは不思議なものです。自分自身の「そとづら」をよくしていると、やがてそれが自然に、本物の自分であるが如く「同化」していくものです。つまり、**「そとづら」をよくすればおのずと、「自分自身の本質の心＝内面」もよくなっていく**

のです。

同じく「内面」と密接な関係にありながら、自分自身やごく限られた近しい人だけに見せる**「うちづら」もいつしか、無理なく変えることができてくる**のです。

最初はかなり意識的にしていたことが、続けているうちに、やがて習慣化し、次第にそれが素の自分になっていくこともあるでしょう。役になりきるとでも言えばいいのでしょうか。

大事なことは、自己演出をして作り上げた自分自身の役をいかに楽しみながら演じるか、そしてそんな自分を喜び、楽しめるかだと思います。実はこれこそが、私の言う「そとづらのよさ」の理想形です。

「そとづら」をよくすることは、自分の生活、習慣を少しずつ変えることにつながります。

それだけで**簡単に、しかも驚くほど人生が好転します。**

「私たちは、人生を楽しむために生まれてきました。

そしてその楽しさを証明し、実現するために
この世という最高の遊び場にエントリーしてきました。
楽しまないで帰るなんてつまらない。
思いっきり『そとづら』をよくして、楽しんでいきましょう！」

おわりに

善き人生への誘《いざな》い

この本を手に取ってくださりありがとうございます。「そとづら力」とは、見方を変えると世界に誇れる日本の修養法の一つだと思っています。

それは、自分の感情よりも他者への気遣いを優先させる、また、自分を抑えて周囲との調和を図ろうとする礼儀正しさからくるものでもあります。「そとづら」をよくすると、自分が一番喜べるという仏教の布施の教えからもきていると思います。

「そとづら」のいい自分を感じることは、自分自身が幸せに生きるための秘訣でもあります。

「あなたは好きなことだけして、夢を叶えてきたんですね」

「思うがままに生きているのに、どうしてわがままに見えないのでしょうか？」

そう言われることもあります。確かに、物心ついてから、楽しいこと、自分がやりたいことしかやってきていません。

それでも、人が応援し、支えてくれるのは、自分が「そとづら」をよくし、人から見られることを意識してきたというよりも、**「そとづら」をよくすることを「楽しんできた」**からではないかと思います。**「そとづら」をよくすることは、「自分らしく生きる」ための第一歩**だといっても過言ではないと思います。そして、たくさんの方たちから支えられ、応援してもらい、心から感謝の気持ちで一杯です。

「善き世界を創っていくには、善き自分を創っていくことから」

光を人に与えてこそ、自分も磨かれ、善き人になっていきます。自分が善き人になれば、周りの人たちにも善き光を分け与えることができるでしょう。

そのポイントはまず**「そとづら」のいい人になりきる**ことでしたね。まず**行動しなければ何も生まれません。**

2013年9月、オリンピックの開催地が東京に決まったという嬉しいニュースが流れました。開催地誘致の最終プレゼンテーションでは、「東京は世界中の人たちを『OMOTENASHI（おもてなし）』でお迎えします」ということが伝えられ、話題になりました。

世界中の多くの聴衆を惹きつけたこの「おもてなし」という言葉、今後も日本が世界に誇るキーワードになっていくのは想像に難くありません。そして、**「おもてなし」を実現する第一歩こそが、本書のテーマである「そとづら」を磨くこと**なのです。

2020年の東京オリンピックが開催される頃には「自分は何をしているのだろう？」と思いを巡らせている方も多いでしょう。その未来をどのように明るくするのか？　それは、今現在あなたが心に思い行動することにかかっています。

「おもてなし」を大事にして「そとづら」をよくしておくこと。それは、今後ますます大事になってきます。

なぜならば、あなたの未来に明かりを灯す結果につながるからです。

さあ、幸せをよぶ「そとづら力」を鍛えて、感動と喜びあふれる元気な世界を創っていきましょう。

〝LET'S ENJOY OUR LIFE!〟

三枝理枝子

人は「そとづら」が9割

発行日　2013年10月24日　第1版第1刷

著者	三枝理枝子
デザイン（付物）	井上新八
デザイン（本文）	江口修平
編集協力	阿吽堂
製作協力	杉浦達雄（パッションジャパン）
校正	南本由加子
編集担当	柿内尚文、杉浦博道
営業担当	石井耕平
営業	丸山敏生、増尾友裕、熊切絵理、菊池えりか、伊藤玲奈、櫻井恵子、吉村寿美子、大村かおり、高垣真美、高垣知子、柏原由美、大原桂子、寺内未来子、綱脇愛、上野結
プロモーション	山田美恵、谷菜穂子
編集	小林英史、黒川精一、名越加奈枝、舘瑞恵
編集総務	鵜飼美南子、髙山紗耶子
講演事業	齋藤和佳
マネジメント	坂下毅
発行人	高橋克佳

発行所　株式会社アスコム

〒105-0002
東京都港区愛宕1-1-11　虎ノ門八東ビル
編集部　TEL：03-5425-6627
営業部　TEL：03-5425-6626　FAX：03-5425-6770

印刷・製本　中央精版印刷株式会社

Printed in Japan ISBN 978-4-7762-0804-4